KB190916

순례자의 소나타
시편 23편

순례자의 소나타

시편 23편

초판 1쇄 2019년 7월 15일

초판 2쇄 2020년 1월 05일

발 행 인 정창균

지 은 이 윤영탁

펴 낸 곳 합동신학대학원출판부

주　　소 16517 수원시 영통구 광교중앙로 50 (원천동)

전　　화 (031)217-0629

팩　　스 (031)212-6204

홈페이지 www.hapdong.ac.kr

출판등록번호 제22-1-2호

인 쇄 처 예원프린팅 (031)902-6550

총　　판 (주)기독교출판유통 (031)906-9191

ISBN 978-89-97244-68-3 93230

값은 뒷표지에 있습니다.

「이 도서의 국립중앙도서관 출판예정도서목록(CIP)은 서지정보유통지원시스템
홈페이지(http://seoji.nl.go.kr)와 국가자료종합목록 구축시스템(http://kolis-net.
nl.go.kr)에서 이용하실 수 있습니다. (CIP제어번호 : CIP2019024404)」

순례자의
소나타

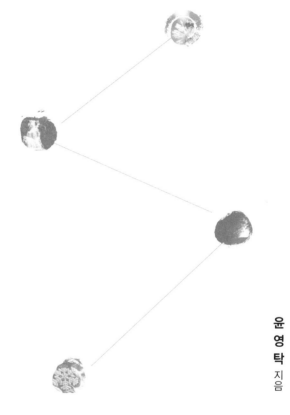

윤 영 탁 지음

합신대학원출판부

시편 23편

¹ 여호와는 나의 목자시니 내게 부족함이 없으리로다.

² 그가 나를 푸른 풀밭에 누이시며
  쉴 만한 물 가로 인도하시는도다.

³ 내 영혼을 소생시키시고
  자기 이름을 위하여 의의 길로 인도하시는도다.

⁴ 내가 사망의 음침한 골짜기로 다닐지라도
  해를 두려워하지 않을 것은 주께서 나와 함께 하심이라
  주의 지팡이와 막대기가 나를 안위하시나이다.

⁵ 주께서 내 원수의 목전에서 내게 상을 차려 주시고
  기름을 내 머리에 부으셨으니 내 잔이 넘치나이다.

⁶ 내 평생에 선하심과 인자하심이 반드시 나를 따르리니
  내가 여호와의 집에 영원히 살리로다. (개역개정판)

목 차

머리말

　시편은 순례의 여정에 오른 성도들에게 어떤 책인가? 칼빈은 『시편주석』의 서문에서 이 책이 "영혼의 모든 부분의 해부서"라고 말한 바가 있다. 이는 시편이 순례자의 여정에서 꼭 있어야할 지침서임을 가리킨다. 블록(114) 역시 신앙의 활동 무대에서 시편은 이스라엘과 교회에게 낮에 구름이요 밤에 불기둥이었다고 하여도 과언이 아닐 것이라고 하였다. 그 이유를 그는 이렇게 말한다. 이 고대 찬송시의 모음집은 광범위한 삶의 경험, 왕으로부터 평민에 이르는 폭넓은 사회 계층, 인간 정서와 상황들 그리고 영적 경험을 기록한 소(小)우주를 나타내기 때문이다. 인간의 경험과 고대 히브리 시의 단순함 및 숭고함 모두가 이 책에 나란히 존재한다. 개인이 신앙의 여정 그 어디에 처하든지 시편은 쉴만한 장소와 안정과 숙고뿐 아니라 길을 이어가도록 북돋아 주고, 삶의 다양성과 정서가 격렬하여지는 경우들에서는 시편의 가치가 이와 어울리게 증가한다는 것이다. 루폴드(서문 28)에 의하면, 시편들은 추상적

명상의 결실이 아니었다. 시편은 학자의 연구로 이루어진 것이 아니었다. 시편은 실제 삶의 상황에서 비롯된 산물이었다. 시편은 자주 저자의 눈물과 피에 젖은 것들이라고 그는 역설한다.

시편 중에서도 시편 23편의 말씀이 구약성경의 다른 시편들보다 가장 즐겨 읽혀져서 순례의 길에 오른 순례자들에게 글과 말로는 다 표현할 수 없는 용기와 위로 그리고 소망을 과거에 제공하여주었고, 현재에도 그러하고 또한 미래에도 변함없이 그러할 것이다. 메릴(354)은 이 시편이 짧은 여섯 절로 되어있으나, 아마도 그 어느 시편에 대한 저술보다 이 시편에 대한 저술이 가장 많을 것이라고 지적한 것은 과언이 아닐 것이다. 스펄전(398)도 이 시편의 부드럽고 순수한 광채는 모든 눈을 즐겁게 하는 시편들의 진주라고 하였다. 이 유쾌한 노래에 관하여서는 그것의 경건성과 시심(詩心)이 고풍스러우며 그 감미로움과 영성은 타의 추종을 불허한다고 단언할 정도로 그는 극찬하였다. 이 진주와 같은 시편에 대하여 학자들은 신학적 입장의 여하를 막론하고 이구동성으로 아낌없는 찬사를 보낸다. 따라서 브뤄그만(154)은 이 시편에 대하여 논평하는 것은 거의 외람된 일과 같다고 말한다. 이 시편이 지배

하고 있는 성경적 영성은 심오하고 순수하다. 이 시편은 아주 쉽게 진술되어서 논평 없이도 스스로를 증언한다고 그는 역설한다. 모빙켈(41)은 사람들이 시편들 중의 진주인 이 시편의 계기에 대하여 무엇인가 한마디 말하고 싶어 할 것이라고 생각한다. 그러나 아마도 이 시편이 모든 세대에게 귀중한 가치를 부여하는 것은 그것이 모든 특별한 역사적 상황에 의하여 구애를 받지 않고 하나님을 신뢰하는 순수한 표현으로서 여기에 자리하고 있다는 사실 때문일 것이라고 그는 말한다. 시편 23편을 사회사적으로 이해할 것을 주장하는 쇼트스로프(119)도 이 시편의 두드러짐을 아래와 같이 설명한다. 시편 23편은 의심할 바 없이 성경 본문 중에서 잘 알려진 단편에 속한다. 그러나 그저 이 시편이 잘 알려져 있다는 이유로 많은 성경 본문들 중에서 두드러지게 보이는 것은 아니다. 오히려 놀랄 만큼 직접적이고 신선한 구성 언어들이 더 이상 설명을 요하지도 않을 만큼, 그다지 큰 어려움 없이, 하나님과 개인의 관계를 표현할 수 있는 수단으로 이 시편을 사용할 수 있게 하여주기 때문에, 다른 성경 본문들에 비하여 두드러져 보이는 것이라고 그는 말한다.

믿음의 조상 야곱은 죽었던 것으로만 알고 있었던 아들 요셉을 노년에 애굽에서 만나게 되어 그야말로 감개무량이었다. 그 때에 그는 바로 왕 앞에서 일생을 회고하며 아래와 같이 고백하였다.

"… 내 나그네 길의 세월이 백삼십 년이니이다 내 나이가 얼마 못 되니 우리 조상의 나그네 길의 연조에 미치지 못하나 험악한 세월을 보내었나이다 …"(창 47:9)

"내 나그네 길의 세월"을 루이 세공(Louis Segond)의 불어 성경에서는 "내 순례의 길의 세월"로 번역하였다. 야곱의 후손인 다윗의 순례의 여정도 야곱의 연조에 미치지 못하였으나 그의 여정 역시 만만치는 않았다는 사실을 사무엘상 16장에서부터 열왕기상 2:10 그리고 역대상 16장에서 29장까지와 시편에 수록된 그에 관한 기록을 통하여 알 수 있다.

프로이쓰(139)는 이스라엘의 역사를 가리켜 여호와와 동행하는 여정이라고 말한 바 있다. 따라서 마카우와 모티어(466)는 시편 23:1-4를 순례의 여정으로, 룬트봄(6-16)은 시편 23편 전체를 순례자의 여정의 노래로 이해한다. 시편 23편을 순례자의 책으로 이해하는 마크 스미스(1992:156)는 고대 이스라엘의 순례자들은 그들의 시편들을 통하여 오늘날의 교회 신앙과 삶에 핵심이 된 세계관과 신관을 창작하여 낸 것이라고 말한다. 순례자들을 위한 책으로서 시편들은 시공의 한계를 초월한다. 시편들을 읽는다는 것은 시공간적으로 서로 멀리 떨어져 있는 두 예배 교인들을 동시에 내포한다. 즉 1) 이스라엘의 하나님께 그들의 순례의 여정을 표현한 고대 이스라엘의 순례자들과 2) 모든 시대와 장소를 통하여 하나님께 순례의 여정에서 성경 시편들로 기도드린 순례자들을 내포한다. 성경 시편들로 기도드린 순례자들은 세계적으로 그 뒤를 이은 순례자들에게 본보기가 되었다고 그는 이해한다.

양 한 마리도 키워보거나 쓰다듬어 본 경험이 없는 필자가 특히 시편 23편에 나타난 목자와 양에 대하여 운운한다는 것이 쑥스럽기만 하다. 필립 켈러(9-10)의 말이 내게 큰 도전을 주었는데 그에게는 그렇게 말할 자격이 충분이 있다.

나는 다윗이 이 아름다운 시를 쓸 때 생각하였던 바를 다른 사람들보다 더 깊이 이해할 수 있다. 1) 나는 관습이 중동 지역 목자들과 매우 비슷한 동아프리카의 소박한 본토박이 목자들 틈에서 자라났다. 그래서 동방 목자의 낭만과 비애와 그림 같은 생활에 아주 친숙하다. 2) 나는 청년 시절에 약 8년 동안 양의 주인과 목자로 살았다. 이런 독특한 배경을 바탕으로 이 책을 쓰게 되었다. 본서의 각 장들은 양에 대한 나의 다양하고 직접적인 체험들로부터 나온 것이다. 내가 알기로는, 직접 양을 치는 일로 손이 거칠어진 실제 목자가 '목자의 시편'에 대하여 길게 책을 쓰기는 이번이 처음일 것이다.

시편 23편에 대한 글을 쓰리라고는 전혀 생각도 못 하였기에 전에 이스라엘에 잠시 있을 때 만사를 제쳐놓고 시간을 내어 유목민 촌에서 그들의 목양 생활을 체험하지 못한 것이 못내 아쉽다. 다행히도 조엘 비키와 필립 켈러의 저서들이 이 시편의 연구에서 내게 큰 도움을 주었고 그 외에도 여러 저서와 논문들이 도움을 주었다.

본서에서 필자는 시편 23편을 순례자 다윗의 일대기라는 관점

에서 다루려고 애썼다. 구약성경에서 다윗처럼 한 사람의 일생의
일을 기록으로 남긴 인물들은 아브라함, 야곱, 요셉 그리고 모세
이었다. 순례자로서의 다윗의 일생을 시편 23편을 중심으로 하여
'다윗의 시'와 사무엘상 16:1로부터 열왕기상 2:12 그리고 역대상
11:1-29:30에 수록된 내용을 근거로 하여 살펴보았다.

　　몰겐슈턴(13-24)의 견해에 따르면, 전체적으로 보아서 시편
23편의 텍스트는 뛰어난 상태라고 한다. 그 주제는 단순하고 소박
하다. 따라서 이 시편의 정확한 해석에 있어서는 지체 없이 보편
적 합의가 이루어지리라고 기대한다. 하지만 실정이 그렇지 않다
는 것이 참으로 놀랍다고 그가 토로한 바 있다. 그에 의하면 어느
시편이든 그 해석을 위하여서는 1) 저술 연대, 2) 화자의 정체, 3)
텍스트와 운율의 형식의 상태, 4) 사상의 통일성 문제가 해결되어
야 한다고 지적하였다. 특히 운율의 형식이나 사상의 통일성 문제
에 있어서 일부 과격한 학자들이 자신들의 주장을 관철하기 위하
여 구상하여낸 묘안들은 더욱 놀랍다. 그들은 5절의 원문 "상"을
"던지는 창"으로 수정(파우어 434-42; 퀼러 232-33; *BHS*)하거나 4
절의 "그것들이 나를 안위하나이다"(*예나하무니*)에서 동사 "안위하

다"(나함)에 가나안의 신화("운명"의 신이라는 마니)를 주입(다후드 418)하는가 하면 "내 원수의 목전에서"(네게드 쪼르라이)라는 단어는 아예 삭제하여 버린다(F. 스텔크. 몰겐슈턴 15).

시편 23편은 주종관계가 아닌 인자하신 목자 여호와와 그에게 전적으로 의존하는 양의 관계를 다룸에 있어서 저자가 4,5절에서 이 관계를 각별히 여호와를 2인칭 남성 단수 대명사(아타)로 호칭한 점을 감안하여 본서에서는 이 대명사를 "주님"으로 옮겼다. 대다수의 역본들 곧 서구의 역본들, 중국어와 일본어 역본들, 그리고 『구약성서 새 번역 개정판』(임승필 역, 1998, 한국천주교중앙협의회 발행)에서는 이를 "당신"("you")으로 번역하였다.

이번에 다윗의 일생에 대하여 묵상하는 중에, 팔십여 년간 걸어온 필자의 여정을 회고하게 되었다. 감히 다윗의 여정에 비할 바는 못 되나 하나님께서는 뜻이 계셔서 모든 순례자들을 이 세상에 보내주시고 다윗 못지않게 우리를 귀하게 여기시고 과거와 현재 그리고 미래의 여정을 통하여 그 뜻을 이루신다는 사실을 깊이 깨닫게 되었다. 내 아내와 정창균 총장 그리고 몇몇 동료 교수들의 격려에 용기를 얻어 본서의 말미에 감히 필자의 순례의 여정을 소개하여 순례길의 동행자들과 이를 나누기로 하였다.

본서에서는 단순히 성경 구절의 절수를 기록하기보다는 본문 자체를 소개하였다. 그리고 여러 학자의 저서들을 통하여 도움을 받을 뿐 아니라 그들의 고견을 소개하기도 하였다. 아무쪼록 이 졸저가 목회자와 신학생 그리고 순례의 여정에 오른 분들에게 조금이라도 도움과 격려가 되기를 바란다. 본서를 합신대학원 출판부에서 출판할 수 있도록 허락하여 준 정창균 총장과 재정적으로 지원한 남포교회 최태준 목사 그리고 원고를 읽고 조언을 준 조주석 목사와 김영철 목사, 필요한 자료들을 구하는 데에 여러모로 애쓴 분들, 도서관의 남우철 과장과 출판에 도움을 준 김민정 선생에게 감사한다.

2019년 6월 수은(受恩) 윤영탁

01
저자

구약성경에서 일흔세 편의 시들이 "다윗의 시"로 불린다(시편 3-9; 11-32; 34-41; 51-65; 68-70; 86; 101; 103; 108-110; 122; 124; 131; 133; 138-145). 더욱이 신약성경은 사도행전 4:25-26에서 시편 2:1-2를 인용하며 "또 주의 종 우리 조상 다윗의 입을 통하여 성령으로 말씀하시기를"이라고 강조하였다. 신약성경의 아래의 시편들이 다윗의 저작임을 밝혀준다. 시편 16(행 2:25-28; 13:36), 32(롬 4:6-8), 69(행 1:16-20상; 롬 11:9 이하), 109(행 1:20하), 110(마 22:42 이하; 막 12:36 이하; 눅 20:42-44; 행 2:34), 95(히 4:7). 따라서 에드워드 영(305)은 저자 미상의 시편 10; 33; 66; 67; 71도 다윗이 저자일 가능이 있다고 보았다.

에드워드 영(298-300)은 한 걸음 더 나아가 다음의 여섯 가지 이유를 들어 시편 23편의 저자가 다윗이라고 역설한다.

1) 다윗은 능숙한 음악가이었다.

2) 다윗은 진정한 시인이기도 하였다.

3) 다윗은 심오한 감수성과 풍부한 상상력을 지닌 인물이었다.

4) 다윗은 여호와를 진정으로 경배하며 또한 순수한 종교적 감정을 지닌 인물이었다.

5) 다윗은 풍부하고 다양한 경험을 지닌 인물이었다. 우리가 다윗의 일생에 관하여 읽을 때 그는 목동, 전사, 영도자, 왕, 행정가, 음악가, 시인, 종교인, 아버지, 죄인이었다고 생각할 수 있을 것이다.

6) 성경은 다윗을 하나님의 영으로 감동된 사람으로 묘사한다 (삼상 16:13 "다윗이 여호와이 영에게 크게 감동되니라").

다윗이 선지자이었다는 사실도 사무엘하 23:1-2에서 알 수 있다. 본문의 "다윗이 말한다"(네움)를 역본들은 "신탁"("oracle" - NIV, JB, NRSV, NETB), "탁선"(託宣 - 日本口語訳) 그리고 "칙언"(詔言 - 日本文語訳)으로 번역하였다. 2절에서 다윗은 직접 이렇게 발언한다. "여호와의 영이 나를 통하여 말씀하심이여 그의 말씀이 내 혀에 있도다"라고.

02
주제와 저작시기

이 시편의 주제는 하나 즉 여호와는 양의 목자이시며 양을 후대하는 주인이시라는 것이 전통적 입장이다(루터, 칼빈, 헹스텐베르크, 후란쯔 델리취, 페론, 루폴드, 박윤선 등).[1] 루폴드(209)에 의하면, 목자와 주인이라는 두 주제의 해석이 나타내는 으뜸가는 결함은 그렇게 하는 것이 목자의 사역에 이상한 개념을 내포시키게 된다는 것이다. 즉 목자는 양을 먹이는 것 이외의 모든 것을 하고, 먹이는 일은 주인의 몫이라는 것이다.

이 시편의 정확한 저작 시기는 알려지지 않았으나 아마도 그의 생애의 후기일 것으로 생각된다. 델리취(329)는 다윗이 이 시편의 저자라는 사실을 의심할 바는 아니나 그 시기는 아마도 압살롬의 반란 시기로 이해한다. 한편 페론(249)에 의하면, 이 시편을 다윗

---

1. 오코너(207n7)는 19-20세기의 여러 학자들을 제시한다. B. Baetgen, A F Kirkpatrick, R. Kittel, H Gunkel, W. O. Oesterley, F. M. T. Boehl, B. Gemser, E. J. Kissane, P. Drijvers, H. J. Kraus. 여기에 L. Koehler와 D. Pardee를 추가할 수 있을 것이다.

역사의 그 어떤 특정한 시기로 언급할 필요는 없다는 것이다. 그
것은 아마도 그가 하나님의 선하심을 오래 경험한 후에 썼을 가능
성이 크고 이 시의 언어는 그의 노후의 회상으로 특징짓는다는 것
이다. 그 자신의 목자 경험이 전반부의 이미지를 암시하는 것이
틀림없고, 후반부는 사무엘하 17:27-29(마하나임에 올 때, 압살롬
의 반역)를 시사한다고 그는 이해한다. 이와는 달리 다윗이 70세에
오직 시편 23편 하나를 썼다는 견해도 있다(비키 15).

    시편 23편은 구약성경의 시편들 중에서 가장 애독되는 친숙한
시편이라는 데에는 이의가 없을 것이다. 이 시편은 모든 크리스천
의 마음속 깊은 곳에 자리하고 있다. 그 감화력은 유년주일학교
시절부터 노년부에 이르기까지 더욱 심화된다. 가정 문제 전문가
들에 의하면, 인간이 최고의 충격을 받는 때는 배우자와 사별할
때라고 한다. 어느 노부부가 나눈 감동을 주는 일화가 있다. 임종
직전에 침상에 누운 남편에게 아내가 "여호와는 나의 목자시니 내
게 부족함이 없으리로다"라는 말씀을 읽어 주었다고 한다. 그러자
아내에게 "내가 떠나면 당신은 혼자 어떻게 살겠소"라고 말하는
남편에게, 아내도 "여호와는 나의 목자시니 내게 부족함이 없으리
로다"라고 답하였다고 한다(룬트봄 6 이하). 이렇듯 이 시편은 임종
상담에서도 중요한 역할을 하며 장례식에서도 애독된다.

이 시편에 대하여 크레이기(208-209)는 시편 23편만큼 크게 사랑받고 잘 알려진 시편은 드물다고 하였다. 그렇게 마음을 끄는 것은 부분적으로는 시의 단순함과 아름다움에 있는데 … 또 부분적으로는 전원적 비유가 대다수의 인류에게 그것의 중요성과 접근성을 유지하였기 때문이다. 특이하게 시인은 언약적 관계의 기본들을 주인과 종이 아닌 목자와 양이라는 더욱 긴밀한 언어적 측면에서 제시한 것이라고 그는 말한다. 매클라렌(226-232)에 의하면, 이 시편은 많은 사람들의 눈물샘을 마르게 하였고 또한 많은 심령들이 그들의 평온한 믿음을 쏟아 부을 수 있는 틀을 제공하여 주었다.

"다윗의 시"라는 표제를 가진 일흔셋 시편들 중에서 열넷 시편들에는 각각 역사적·지형적 언급이 있다.

1) 시 3편: 다윗이 그의 아들 압살롬을 피할 때에 지은 시
2) 시 7편: 다윗의 식가욘, 베냐민인 구시의 말에 따라 여호와께 드린 노래
3) 시 18편: … 여호와께서 다윗을 그 모든 원수들의 손에서와 사울의 손에서 건져 주신 날에 다윗이 이 노래의 말로 여호와께 아뢰어 이르되

4) 시 30편: … 곧 성전 낙성가

5) 시 34편: 다윗이 아비멜렉 앞에서 미친 체하다가 쫓겨나서
   지은 시

6) 시 51편: … 다윗이 밧세바와 동침한 후 선지자 나단이 그
   에게 왔을 때

7) 시 52편: … 에돔인 도엑이 사울에게 이르러 다윗이 아히멜
   렉이 집에 왔다고 그에게 말하던 때에

8) 시 54편: … 십 사람이 사울에게 이르러 말하기를 다윗이
   우리가 있는 곳에 숨지 아니하였나이까 하던 때에

9) 시 56편: … 다윗이 가드에서 블레셋인에게 잡힌 때에

10) 시 57편: … 다윗이 사울을 피하여 굴에 있던 때에

11) 시 59편: … 사울이 사람을 보내어 다윗을 죽이려고 그 집
    을 지킨 때에

12) 시 60편: … 다윗이 아람 나하라임과 아람소바와 싸우는
    중에 요압이 돌아와 에돔을 소금 골짜기에서 쳐서 만 이천
    명을 죽인 때에

13) 시 63편: … 유다 광야에 있을 때에

14) 시 142편: 다윗이 굴에 있을 때에 지은 마스길 곧 기도

그러나 시편 23편에는 특이하게도 역사적 사건과 지형적 언급

이 전혀 없다. 그러므로 마크 스미스(1992:156)는 시편 23편을 모든 순례자들을 위한 원형시라고 말한다. 그는(1988:64) 순례의 여정의 목적에 대하여 말하기를 그것은 외적인 육체적 여정을 통한 하나님과의 내적 여정을 경험하기 위한 것이라고 한다. 시편 23편은 순례의 여정을 너무나 시편 기자의 영적 경험의 내적 전망에서 제시하기 때문에 그 여정의 외적 현상에 대한 언급은 시편 27편과 시편 42-43편에 비하여 덜 분명하게 제시된다. 이러한 노골적 언급이 없는 것이 많은 순례자들에게 이 시편을 자신들의 순례의 여정의 삶에 적용할 수 있는 감동을 준다고 그는 말한다.

03
문장구조

브리그스(207-208)는 이 시편의 구조가 예술적이라고 말한 바 있다(역시 김정우『시편주석』I:526-530 '구조' 참조). 우선 시편 23편은 문장 구조면에서 특이하다. 이 시편의 서두(1절)와 후미(6절)가 성호 여호와로 싸여 있다(inclusio). 원래 1절은 "내게 부족함이 없으리로다. 왜냐하면 여호와가 나의 목자이시기 때문이다"이었다. 이것은 4절의 "내가 사망의 음침한 골짜기로 다닐지라도 해를 두려워하지 않을 것은 주님이 나와 함께 하시기 때문이라"(원문)의 구조와 유사하다. 그리고 필자는 이 시편에는 동사 없이 주어와 술어로 된 3개의 명사문장이 나타난다고 이해하고 싶다. 즉 1절의 "여호와는 나의 목자"라는 명사문장, 4절의 "주님이 나와 함께"라는 명사문장 그리고 5절의 "내 잔이 넘침"이라는 명사문장으로 이해하는 것이다.

그런데 흠정역(KJV)은 이탤릭체는 원문에 없다는 뜻으로 1절의 "여호와는 나의 목자시니"를 "여호와는 나의 목자*시다*"("The

Lord *is* my shepherd")로, 4절의 "주님이 나와 함께 하심이라"를 "주님이 나와 함께*하심이라*"("Thou *art* with me")라는 명사문장으로 각각 번역하였다. 그러나 5절하에서는 몇몇 역본들(JB, NIV, NRSV)과 같이 "내 잔이 넘치나이다"("my cup runneth over")라는 동사문장으로 번역하였다. 하지만 5절의 "넘침"을 여성명사나 형용사로 보아 "내 잔이 넘침"이라는 주어+술어의 형식으로 이해하는 견해가 적지 않다.[2]

성호 여호와를 서두와 후미에 두는 특이한 예에 대하여 브뤼그만(154)은 이렇게 말한다. 여호와의 이름은 다만 2회 느닷없이 처음과 마지막에 언급되었다. 그리하여 이 시편은 신뢰를 일관한 삶처럼, 삶과 말 양편 모두를 위한 매개 변수를 이루는 이 이름의 임재 안에서 충분히 살아낸 것이라고 한다.

더 나아가서 이 시편은 명사문장과 복수명사를 선호하는데(원문 2절의 "풀밭"; "잔잔한 물"; 3절의 "길"; 6절의 "날") 델리취(330)는 "잔잔한 물"을 강세적 위치의 최상급 복수형이라고 말한다. 그리고 동사문장에서는 으레 동사가 문장의 서두에 위치하여야 함에도

---

2. 예를 들면 궁켈(100) 역시 이것을 강세적 표현으로 보고 몇몇 역본들과 사본들을 제시하며 아마도 분사나 형용사일 수도 있다고 하였다. 델리취는 "My cup is fulness". BDB(924)는 "My cup is well filled", 제임스 모팟역은 my cup is brimming over, 브리그스는 "My cup is exhilarating", 크레이기는 "My cup is full", TOB는 "ma coupe est envirante" 그리고 메이버거 역시 이를 명사 "풍성함", "넘침"으로 이해한다. 이런 형식의 성구들은 오코너의 222 n76, 226 n94를 참조하라.

불구하고 부사와 목적어 그리고 주어를 동사 앞에 도치시킨다(원문 2절 "푸른 풀밭에 그가 나를 누이시며" "쉴만한 물 가로 그가 나를 인도하신다"; 3절 "내 영혼을 그가 소생시키신다"). 그리고 주어에 대명사 "그것들"을 첨가하여(원문 4절하 "주의 지팡이와 막대기 '그것들이'") 주어를 강조한다. 또한 5절에서는 "내 머리"(로쉬)와 "내 잔"(코씨)의 운율 일치를 위하여 목적어 "내 머리"(로쉬)를 부사 "기름으로"(바쉐멘)의 뒤에 위치시킨다(직역 "주님이 부으셨습니다. 기름을 내 머리에 내 잔이 넘칩니다").[3] 그리고 3절의 동사 "소생시키다"에서는 강세형(슈브의 폴렐형 예쇼베브)을 사용하였는데 브리그스(207)는 이를 "영원히 소생시키신다"로 이해한다. 무엇보다도 주어인 여호와가 1절상-3절에서는 3인칭("그")으로, 하지만 4절하-5절에서는 2인칭("주님")으로 그리고 1절하, 4절하, 6절하에서는 다윗이 1인칭("나") 주어로 나타나는 사실 등을 통하여 바이저(227)는 이 시편을 불후의 명작이라고 극찬하게 되었다.

인칭 사용에 있어서 1인칭은 아래와 같이 나타난다.

---

3. 아래와 같이 이 시편을 평범한 히브리어 문장으로 표현할 수 있다.

1 לֹא אֶחְסָר כִּי יְהוָה רֹעִי׃

2 יַרְבִּיצֵנִי בִּנְאוֹת דֶּשֶׁא יְנַהֲלֵנִי עַל־מֵי מְנוּחָה׃

3 יְשׁוֹב נַפְשִׁי יַנְחֵנִי בְמַעְגְּלֵי־צֶדֶק לְמַעַן שְׁמוֹ׃

4 גַּם כִּי־אֵלֵךְ בְּגֵיא צַלְמָוֶת לֹא־אִירָא רָע כִּי־אַתָּה עִמָּדִי יְנַחֲמֻנִי שִׁבְטְךָ וּמִשְׁעַנְתֶּךָ׃

5 תַּעֲרוֹךְ שֻׁלְחָן לְפָנַי נֶגֶד צֹרְרָי דִּשַּׁנְתָּ רֹאשִׁי בַשֶּׁמֶן כּוֹסִי רְוָיָה׃

6 אַךְ יִרְדְּפוּנִי טוֹב וָחֶסֶד כָּל־יְמֵי חַיָּי וְשַׁבְתִּי בְּבֵית־יְהוָה לְאֹרֶךְ יָמִים׃

1인칭 주어:

    1절 "내가 부족함이 없다"

    4절 "내가 다닌다", "내가 두려워하지 않는다"

    6절 "내가 거할 것이다"

1인칭 목적어:

    2절 "그가 나를 누이신다", "그가 나를 인도하신다"

    4절 "주님이 '나'+와 함께"(전치사 임), "그것들이 나를 안
        위한다", "그것들이 나를 따른다"

1인칭 소유격:

    1절 목적격 소유격 "나의 목자"

    5절 "나의 원수들", "나의 머리"와 "나의 잔"

    6절 "나의 삶"

    브뤼그만(155)에 의하면 여기에서 "나"라는 언급은 사의(謝意), 순복, 신뢰 그리고 감사(thanksgiving)로 차있다고 한다. 여기의 "나"는 모든 경우에 있어서 삶이 모든 필요에 반응하고 예견하는 "주님" 그분에 의하여 충분히 보살펴지며 해결되는 것으로 알고 있다는 것이다.

04
시제

　성경 히브리어의 시제에서 동작이 완료되지 않고 현재 진행되는 경우는 주로 미완료형으로 나타낸다. 물론 현대 히브리어처럼 주어 대명사+동사의 분사형(分詞形)을 사용하기도 하나 흔하지가 않다. 예를 들면 다윗이 자신을 해하려는 사울 왕을 살려 준 후에 그에게 "이스라엘 왕이 누구를 따라 나왔으며 누구의 뒤를 쫓나이까 죽은 개나 벼룩을 쫓음이니이다"(삼상 24:15)라고 호소한 바가 있다. "누구의 뒤를 쫓나이까"를 직역하면 "누구의 뒤를 쫓고 있습니까?"인데 이것이 "너는 쫓고 있다"(아타 로데프)라는 대명사+분사의 형식이다. 시편 133:2에서 "흘러서 그의 옷깃까지 내림"("-falling down"[2회] - ESV)이라는 어구나, 3절에서 "내림"("falls" - ESV)이라는 표현 모두 "흐르다"(야라드)라는 동사의 분사형(分詞形) 요레드)이다. 역시 "계속하여 … 머물러 있나니"(오메드 학 2:5), "네가 어디로 가고 있느냐"(슥 2:2[원문은 6절])와 "네가 무엇을 보고 있느냐?"(4:2와 5:2) 등도 참조하라.

이 시편에 나타난 동사의 시제는 아래와 같다(개역개정판).

1절 "내게 부족함이 없다"

2절상 "그가 나를 누이신다", 하 "그가 나를 인도하신다"

3절상 "그가 소생시키신다", 하 "그가 나를 인도하신다" 혹은
"… 이끄신다"

4절상 "내가 다닌다", "내가 두려워하지 않는다", 하 "그것들이
나를 안위한다"

5절상 "주님이 차려 주십니다", 하 "주님이 부으셨습니다"

6절상 "그것들이 나를 따를 것이다", 하 "내가 살 것이다"

후론테인(120-123)은 주로 16세기 역본들이 이 시편의 동사의
시제를 다양하게 이해하는 데에 대하여 논평한 바 있다.[4] 칠십인

---

4. | Great Bible(1539) | Geneva Bible(1560) | Bishop's Bible(1572) | Bhemes Douai Bible(1582) |
|---|---|---|---|
| 1절하 "내게 부족함이 없으리로다" | | | |
| therefore can I lack nothing | I shall not want | therefore can I lack n. | and n. shall be wanting in me |
| 2절상 "그가 나를 누이신다" | | | |
| He shall feed me | He maketh me to rest | He will cause me to repose | he hath placed me |
| 하 "그가 나를 인도하신다" | | | |
| and lead me forth | and leadeth me | and he will lead me | he has brought me up |
| 3절상 "그가 … 소생시키신다" | | | |
| He shall convert | He restoreth my soul | He will convert my soul | he hath converted me |

역(부렌톤 1970)은 1절하, 4절상과 6절을 미래형, 그 밖의 모든 동사의 시제를 과거형으로 옮겼다. 이와는 대조적으로 예루살렘성경(JB)은 모든 동사의 시재를 현재형으로 옮겼고, 새국제역본(NIV)은 1절하, 4절하, 6절만 미래형으로 그리고 유대교출판협회가 발행한 구약성경 타나크(Tanakh)는 6절 이외의 모든 동사를 현재형

하 "그가 나를 인도하신다" 혹은 " ⋯ 이끄신다"			
and bring me forth	and leadeth me	and bring me forth	he hath conducted me
4절상 "내가 다닌다"			
Yea, though I walk	Yea, though I should walk	Yea, though I walk	For, although I shall walk
상 "내가 해를 두려워하지 않는다"			
I will fear no evil	I will fear no evil	I will fear no evil	I will not fear evil
하 "그것들이 나를 안위한다"			
comfort me	they comfort me	that do comfort me	the have comforted me
5상 "주님이 차려 주십니다"			
Thou shalt prepare	Thou dost prepare	Thou wilt prepare	Thou hast prepared
하 "주님이 부으셨습니다"			
thou hast anointed	thou dost anoint	thou hast anointed	Thou hast fatted
하 "내 잔이 넘치나이다"			
my cup shall be full	my cup runneth over	my cup shall be brimful	my chalice inabriating, how goodly it is!
6상 "그것들이 나를 따를 것이다"			
shall follow me	shall follow me	shall follow me	shall follow me
하 "내가 살 것이다"			
and I will dwell	and I shall remain	and I will dwell	and that I may dwell

으로 옮겼다. [5] 후론테인은 벰스 두아이성경(Bhemes Douai Bible)

5.	LXX	JB	NIV	Tanakh
1절하 "내게 부족함이 없으리로다"				
	and I shall want nothing	I lack nothing	I shall lack nothing	I lack nothing
2절상 "그가 나를 누이신다"				
	there he has made me dwell	he lets me lie	He makes me lie	He makes me lie
하 "그가 나를 인도하신다" 혹은 "이끄신다"				
	he has nourished me	he leads me	he leads me	He leads me
3절상 "그가 … 소생시키신다"				
	He has restored	there he relives my soul	he restores my soul	He renews my life
하 "그가 나를 인도하신다" 혹은 "… 이끄신다"				
	he has guided me	He guides me	He guides me	He guides me
4절상 "내가 다닌다"				
	Yea, even I should walk	Though I pass through	Even though I walk	Though I Walk through
상 "내가 해를 두려워하지 않는다"				
	I will not be afraid	I fear no harm	I will fear no harm	I fear no harm
하 "그것들이 나를 안위한다"				
	these have comforted me	are there, to hearten me	they comfort me	they comfort me
5절상 "주님이 차려 주십니다"				
	Thou hast prepared	You prepare	You prepare	You spread a table
하 "주님이 부으셨습니다"				
	thou hast thoroughly anointed	you anoint	You anoint	You anoint
6절상 "그것들이 나를 따를 것이다"				

이 "잔"을 통상적 용례와는 달리 "성작"(聖爵)으로 번역한 역사적 배경을 알 수 있다고 하였다. 이 번역은 당시 로마 가톨릭의 단(壇)과 개신교의 성찬상(床) 간의 신학적 차이점을 잘 드러내 준다. 루터는 당시에 시편을 연구하고 있었는데, 그때 그는 오직 믿음으로 말미암아 의롭다함을 받는다는 자신의 교리를 형성하게 되었다. 그는 시편 연구를 통하여 얻은 결론이 시편은 성경의 축소판이라는 것이었다. 그런데 20세기에 출판된 예루살렘성경(JB 1966)에서도 다음과 같은 해설을 읽게 된다. "이 시편은 전통적으로 영세(領洗)적 생활 특히 세례와 성체성사(聖體聖事)에 적용된다"라고 하였다. 이는 "잔"(코쓰)이 성례식에 사용되는 "성작"임을 뜻한다. 한국천주교의 구약성서 새 번역(1992)은 "잔"으로, 구약성서 새 번역 개정판(1998)은 "술잔"으로 그리고 공동번역성서는 "잔"으로 옮겼다.

후론테인은 시간 안에서 신적 섭리란 무엇인가라고 질문한다. 그것은 이미 이루어졌는가? 그것이 현재 일어나고 있는가? 혹은

also shall follow me	pursue me	will follow me	shall pursue me
하 "내가 살 것이다"			
& my dwelling shall be	my home(Hebrew. I shall return)	& I will dwell	& I shall dwell

어느 특정하지 않은 앞날에 그것이 이루어질 것이란 말인가? 그는 제네바성경이 이 시편에서 계속 사용하고 있는 현재 시제가 독자로 하여금 실제로 은덕, 위로, 복리의 영원한 현재성을 가장 효과적으로 준비하도록 한다고 이해한다. 1절하의 미완료형 "내게 부족함이 없으리로다"를 브리그스는 습관적 경험의 현재로 그리고 칼빈은 5절상의 미완료형 "내게 상을 차려주시고"를 지속적 행동을 나타낸다고 이해한다.

이처럼 성경의 히브리어 시제는 어떤 동작이 완료되지 않고 진행 중에 있을 경우에는 주로 미완료형을 사용한다. 그러므로 이 시편에서도 5절하의 기름을 "부었다"만 완료형(perfect)이고 그 이외에는 모두 미완료형으로 되어 있다. 따라서 시편 23편은 주제인 1:1상을 명사문장 "여호와는 나의 목자"로, 이 시편의 중추적 위치(바자크)인 4절상을 명사문장 "주님이 나와 함께"로 그리고 이 시편의 절정(필립 켈러)인 5절하의 명사문장인 "내 잔이 넘침"으로 구성되었다고 본다면 다음과 같은 이해가 가능하다. 여호와는 과거에도 나의 목자(이셨고), 현재에도 나의 목자(이시고), 미래에도 나의 목자(이실 것입니다); 과거에도 주님이 나와 함께 (하셨고), 현재에도 주님이 나와 함께 (하시고), 미래에도 나와 함께 (하실 것입니다); 과거에도 나의 잔이 넘침(이었고), 현재에도 나의 잔이 넘침(이고) 그리고 미래에도 나의 잔이 넘침(일 것입니다). 이 시편의 모든 동사의 시제를 현재형으로 옮긴 역본들은 후론테인의 견해처럼 그것을 영원한 현재로 이해한 것이라고 말할 수 있을 것이다.

05
강해

1절상 "여호와는 나의 목자시니"

"여호와는 나의 목자"라고 고백할 수 있는 자격에 대하여 칼빈 (I:392)은 아래와 같이 말한다. 하나님은 오직 그들의 연약함과 궁핍함을 절실히 아는 자들과 하나님의 보호가 필요함을 느끼는 자들, 자의적으로 그분의 양의 울에 거하는 자들 그리고 그분에 의하여 통치받기로 자신들을 내맡기는 자들의 하나님이심을 깨달아야한다. 다윗은 권력과 부로 탁월하였으나 자신을 불쌍한 양이라고 솔직하게 고백함으로써 하나님을 자신의 목자로 모시기를 원하였다고 칼빈은 이해한다.

1절의 이 말씀은 이 시편의 표어요 주제이다. 다윗이 이렇게 고백할 수 있었던 기초는 1) 일반적으로는 언약에 근거한 것이고 2) 특수하게는 개인적 경험에 근거한 것이다(헹스텐베르크 401).

키드너(109)는 다윗이 목자라는 용어에서 아직까지 시편들에서 접하지 못한 가장 종합적이고 밀접한 은유를 사용하는데, 목자는 양떼와 생활하고, 그 양떼의 모든 것이 된다. 즉, 목자는 그들의 인도자요 치료자요 그리고 보호자라고 그는 말한다. 여호와를 목자로 지칭하는 구약 성구들은 아래와 같다.

> **창세기 48:15** "나의 출생으로부터 지금까지 나를 기르신 하나님"
> **미가 7:14** "원하건대 주는 주의 지팡이로 주의 백성 곧 갈멜 속 삼림에 홀로 거주하는 주의 기업의 양 떼를 먹이시되 그들을 옛날 같이 바산과 길르앗에서 먹이시옵소서"
> **이사야 40:11** "그는 목자 같이 양 떼를 먹이시며 어린 양을 그 팔로 모아 품에 안으시며 젖먹이는 암컷들을 온순히 인도하시리로다"
> **시편 95:7** "그는 우리의 하나님이시요 우리는 그가 기르시는 백성이며 그의 손이 돌보시는 양이기 때문이라"
> **시편 100:3** "여호와가 우리 하나님이신 줄 너희는 알지어다 그는 우리를 지으신 이요 우리는 그의 백성이요 그의 기르시는 양이로다"

여호와는 자기만 먹고 양떼는 먹이지 않는 거짓 목자가 아니라 선한 목자이신데 그가 어떻게 양떼를 목양하시는가를 에스겔서에서 밝히 보여준다. 아래의 성구들은 히브리어 알파벳 순서이다.

아싸프(모아 내다) 11:17 "… 내가 너희를 만민 가운데에서 모으며(*카바쯔*) 너희를 흩은 여러 나라 가운데에서 모아 내고 이스라엘 땅을 너희에게 주리라 …"

보(bô'. 인도하여 들이다) 20:42 "내가 내 손을 들어 너희 조상들에게 주기로 맹세한 땅 곧 이스라엘 땅으로 너희를 인도하여 들일 때에 너희는 내가 여호와인 줄 알고"

바카르(돌보아 주다) 34:11-12 "[11]… 나 곧 내가 내 양을 찾고(*다라쉬*) 찾되* [12]목자가 양 가운데에 있는 날에 양이 흩어졌으면 그 떼를 찾는 것 같이 내가 내 양을 찾아서 흐리고 캄캄한 날에 그 흩어진 모든 곳에서 그것들을 건져낼지라"(*"돌보아 주다"-표준새번역개정판)

바퀘쉬(찾다) 34:16 "그 잃어버린 자를 내가 찾으며 쫓기는 자를 내가 돌아오게 하며 상한 자를 내가 싸매 주며 병든 자를 내가 강하게 하려니와 …"

다라쉬(찾다) 34:11 "… 나 곧 내가 내 양을 찾고 …"

야짜(끌려 나오다) 11:7 "… 이 성읍 중에서 너희가 죽인 시체는 그 고기요 이 성읍은 그 가마인데 너희는 그 가운데에서 끌려 나오리라"(9절; 14:22; 20:34 참조).

야샤(구원하다) 34:22 "그러므로 내가 내 양떼를 구원하여 그들로 다시는 노략거리가 되지 아니하게 하고 …"(36:29; 37:23 참조)

카나쓰(모으다) 39:28 "… 후에는 내가 그들을 모아 고국 땅으로 돌아오게 하고 …"

라카흐(인도하여 내다) 36:24 "내가 너희를 여러 나라 가운데에서 인도하여 내고 여러 민족 가운데에서 모아 데리고 고국 땅에 들어가서"

나짤(건져내다) 34:10 "… 내가 내 양을 그들의 손에서 건져 내어서 다시는 그 먹이가 되지 아니하게 하리라"(13:21 참조)

카바쯔(모아내다) 11:17; 20:34 "능한 손과 편 팔로 분노를 쏟아 너희를 여러 나라에서 나오게 하며 너희의 흩어진 여러 지방에서 모아내고"

슈브(돌아오다) 34:16 "그 잃어버린 자를 내가 찾으며(*바케쉬*) 쫓기는 자를 내가 돌아오게 하며 상한 자를 내가 싸매 주며 병든 자를 내가 강하게 하려니와 …"(하또리 85-88, 337-47).

목자는 특히 밤에 대단한 경계심을 발휘한다. 그래서 그는 졸거나 자지 않는다. 우리가 어린 시절에 병들거나 몸이 불편하여 밤에 잠을 이루지 못하고 고통스러워 할 때에 눈을 떠서 보면 어머니가 주무시지 않고 옆에 앉아계시는 것을 확인하고는 안심하고 잠에 드는 경우가 있다. 어머니의 이러한 사랑에서 목자이신 하나님의 모습을 엿본다.

> "¹여호와께서 너를 실족하지 아니하게 하시며 너를 지키시는 이가 졸지 아니하시리로다 … ⁴이스라엘을 지키시는 이는 졸지도 아니하시고 주무시지도 아니하시리로다 ⁵여호와는 너를 지키시는 이시라 여호와께서 네 오른쪽에서 네 그늘이 되시나니 ⁶낮의 해가 너를 상하게 하지 아니하며 밤의 달도 너를 해치지 아니하리로다 ⁷여호와께서 너를 지켜 모든 환난을 면하게 하시며 또 네 영혼을 지키시리로다"(시 121:3-7)

목자는 항상 양떼 위주의 생활을 하며 양들이 사막 지대에서 낮의 해와 밤의 달로부터 피해를 입지 않도록 전력을 다하는 가운데 자신들은 극심한 더위와 추위에 노출된다. 따라서 야곱은 라반에게 "내가 이와 같이 낮에는 더위와 밤에는 추위를 무릅쓰고 눈 붙일 겨를도 없이 지냈나이다"라고 고백한 것이다(창 31:40).

목자의 음식은 종종 자연이 제공하는 일정하지 않은 것들이 전

부인데, 무화과 열매(암 7:14), 지엄 열매(눅 15:16), 깍지 혹은 메뚜기와 석청 등이다(마 3:4). 그럼에도 불구하고 책임감이 있는 목자는 어떤 혹독한 상황에서도 제 양들을 잡아먹지 않는다(창 31:38-40; 겔 34:2 이하, 10; 암 3:12 - 갈버 464). 그리고 목자들의 거처는 아래와 같다. 1) "목장"(*나베* 삼하 7:8; 대상 17:7); "우리/초장"(사 65:10; 렘 23:3); "눕는 곳"(겔 25:5) 2) "우리/울타리"(*게데라* 삼상 24:3) 3) "우리"(*미클라* 시 50:9; 78:70; 합 3:17) 4) "울/울타리"(헬라어 *아울레* 요 10:1. 양 떼가 밤에 모이는 들판의 지붕이 없는 울타리 - 엉거 1013).

1절하 "내게 부족함이 없으리로다"

이 말씀에는 동사 "부족하다"의 목적어가 없는 것이 특이하다. 출애굽기 20:13에 기록된 제 6, 7, 8계명의 부정적 명령들에서도 본문에서와 같이 "살인하지 말라", "간음하지 말라", "도둑질하지 말라"라고 명령하셨다. 목적어나 보어, 제한에 대한 정의, 근본적 선언 같은 세목이나 조건들, 추상적이거나 영원한 원리들, 그것들의 조건이나 상황 그리고 상세한 정의나 제한들이 없다는 점을 카쑤토(246-47)가 지적한 바 있다. 이 시편에서 이런 형식을 사용한 것은 2절 이하의 내용이 양의 모든 육체적·정신적 필요를 충족시켜줄 것이기 때문에 그러하다. 여기에서 특히 동사 "부족하다"(*하쎄르*)를 선택한 것은 다윗이 자신의 일생을 회고할 때에 이 용어가 자신이 이 자리까지 이른 것이 전적으로 여호와의 은혜 때문인 것을 가장 적절하게 담을 수 있다고 여겼기에 그러하였을 것이다. 탄원시나 저주시 등을 제외한 다윗 시편들의 도입부인 첫 절들을 살펴보면 아래와 같다.

시편 8:1 "여호와 우리 주여 주의 이름이 온 땅에 어찌 그리 아름다운지요 주의 영광이 하늘을 덮었나이다"

시편 9:1 "내가 진심으로 여호와께 감사하오며 주의 모든 기이한 일들을 전하리이다"

시편 18:1 "나의 힘이신 여호와여 내가 주를 사랑하나이다"

시편 33:1 "너희 의인들아 여호와를 즐거워하라 찬송은 정직한 자들이 마땅히 할 바로다"

시편 34:1 "내가 여호와를 항상 송축함이여 내 입술로 항상 주를 찬송하리라"

시편 103:1 "내 영혼아 여호와를 송축하라 내 속에 있는 것들아 다 그의 거룩한 이름을 송축하라"

시편 138:1 "내가 전심으로 주께 감사하며 신들 앞에서 주께 찬송하리이다"

시편 145:6 "할렐루야 내 영혼아 여호와를 찬양하라"

이 성구들은 다윗이 시편 23:1에서 그의 다른 시편들에서 애용하는 용어들을 사용하지 않았음을 보여준다. 그의 시편들에 사용된 두드러진 용어들인 "기쁘다", "찬양하다", "감사하다" 그리고 "만족하다"라는 표현들을 예로 들면 아래와 같다. 아래의 성구들은 모두 다윗의 시편들이다.

"감사하다"(야다[yādâ]의 강세형 호다)

시편 7:17 "내가 여호와께 그의 의를 따라 감사함이여 지존하신 여호와의 이름을 찬양하리로다"(호다//자마르 "찬양하다")

시편 30:4,12 "⁴주의 성도들이 여호와를 찬송하며 그의 거룩함을 기억하며 감사하라(자마르//호다) … ¹²이는 잠잠하지 아니하고 내 영광으로 주를 찬송하게 하심이니 여호와 나의 하나님이여 내가 주께 영원히 감사하리이다"

시편 86:12 "주 나의 하나님이여 내가 전심으로 주를 찬송하고 (호다) 영원토록 주의 이름에 영광을 돌리오리니"

시편 109:30 "내가 입으로 여호와께 크게 감사하며 많은 사람 중에서 찬송하리니"

역시 시편 18:49; 35:18; 52:9; 54:6; 57:9; 108:3; 122:4; 138:1,2,4; 139:13; 140:13; 142:7; 145:10 등 참조.

"기쁘다"(*싸마흐*)

시편 5:11 "그러나 주께 피하는 모든 사람은 다 기뻐하며 주의 보호로 말미암아 영원히 기뻐 외치고 주의 이름을 사랑하는 자들은 주를 즐거워하리이다"(*싸마흐*//*알라쯔* "즐겁다")

시편 9:2 "내가 주를 기뻐하고 즐거워하며 지존하신 주의 이름을 찬송하리니"(*싸마흐*//*알라쯔*//*자마르*)

시편 16:9 "이러므로 나의 마음이 기쁘고 나의 영도 즐거워하며 내 육체도 안전히 살리니"(*싸마흐*//*기일* "즐겁다")

시편 70:4 "주를 찾는 모든 자들이 주로 말미암아 기뻐하고 즐거워하게 하시며 주의 구원을 사랑하는 자들이 항상 말하기를 하나님은 위대하시다 하게 하소서"(*쑤쓰* "기뻐하다"//*싸마흐*)

역시 시편 14:7; 19:8; 21:1; 30:1; 31:7; 32:11; 34:2; 35:26,27; 53:6; 63:11; 64:10; 68:3(*싸마흐*//*알라쯔*//*쑤쓰 베씸므하*); 69:32; 86:4; 122:1; 명사(*씸므하*) ─시 16:11; 21:6; 30:11; 68:4하; 주어 ─시 4:7; 51:16 등 참조

얼핏 생각하기에는 그가 이 시편의 첫머리에서 가장 사용함직

한 표현은 "만족하다"(*싸바* śāba‘)이었을 것으로 보인다.

싸바(동사)

시편 17:14-15 "¹⁴여호와여 이 세상에 살아 있는 동안 그들의 분 깃을 받은 사람들에게서 주의 손으로 나를 구하소서 그들은 주 의 재물로 배를 채우고 자녀로 만족하고 그들의 남은 산업을 그 들의 어린 아이들에게 물려 주는 자니이다 ¹⁵나는 의로운 중에 주의 얼굴을 뵈오리니 깰 때에 주의 형상으로 만족하리이다"

시편 22:26 "겸손한 자는 먹고 배부를 것임이며"

시편 37:19 "그들은 환난 때에 부끄러움을 당하지 아니하며 기 근의 날에도 풍족할 것이나"

시편 63:5 "골수와 기름진 것을 먹음과 같이 나의 영혼이 만족할 것이라 나의 입이 기쁜 입술로 주를 찬송하되"

시편 65:4 "주께서 택하시고 가까이 오게 하사 주의 뜰에 살게 하신 사람은 복이 있나이다 우리가 주의 집 곧 주의 성전의 아 름다움으로 만족하리이다" 역시 시편 59:4,16; 78:29 참조.

시편 103:5 "좋은 것으로 네 소원을 만족하게 하사 네 청춘을 독 수리 같이 새롭게 하시는도다"

시편 145:15-16 "¹⁵모든 사람의 눈이 주를 앙망하오니 주는 때

순례자의 소나타
-
강해

를 따라 그들에게 먹을 것을 주시며 ¹⁶손을 펴사 모든 생물의 소
원을 만족하게 하나이다"

쏘바(명사)
시편 16:11 "주께서 생명의 길을 내게 보이시니 주의 앞에는 충
만한 기쁨(쏘바 쎄마호트)이 있고 주의 오른쪽에는 영원한 즐거
움이 있나이다"

다윗이 이 동사들보다 동사 "부족하다"(*하쎄르*)를 선택한 것은
우선 우리가 이 시편에서 긍정문장을 부정문장으로 그리고 부정문
장은 긍정문장으로 바꾸어 생각한다면 그 이유를 아는 데에 도움
이 될 것이다. 만일 그렇게 할 때에 양은 어떤 모습으로 드러나겠
는가? 양들의 비참함이 그지없을 것은 자명하다. 또 다른 다윗의
시가 연상된다.

시편 124:1-3 "¹이스라엘은 이제 말하기를 여호와께서 우리 편
에 계시지 아니하셨더라면 우리가 어떻게 하였으랴 ²사람들이
우리를 치러 일어날 때에 여호와께서 우리 편에 계시지 아니하
셨더라면 ³그 때에 그들의 노여움이 우리에게 맹렬하여 우리를
산 채로 삼켰을 것이며"

자생력이 전무한 양에게 나타나는 특징은 전적 부족함일 것이다. 따라서 다윗은 여기에서 동사 "만족하다"보다는 "부족하다"가 양의 사활이 걸린 전적 목자의존사상을 가장 적절하게 드러낸다고 이해하여 이를 선택한 것으로 보인다. 스캇(309)에 의하면 동사 "부족하다"(*하쎄르*)는 하나님의 백성의 필요를 채우시려는 하나님의 은혜의 충족함을 나타내기 위하여 종종 사용된다. 그들에게는 결코 부족함이 없다. 백성들이 광야에서 하나님의 명령을 따랐을 때에 그들에게 만나가 부족한 적이 없었다(하나님이 주시는 일용할 양식의 공급에 의존함. 출 16:18). 모세는 그들이 가나안에 들어가기 바로 전에 이 사실을 생각나게 하였고(시 2:7), 바로 이 사실이 가나안에서 그들의 소망의 근거가 된 것이다(시 8:9). 이것이 여호와를 신뢰하는 모든 사람들(왕상 17:14; 시 23:1), 여호와를 찾는 모든 사람들(시 34:10) 그리고 여호와를 경배하는 모든 사람들("결박된 포로" 사 51:14)에게서 입증되었다.

"부족하다"를 필자는 "불쌍하다"로 이해하고 싶다. 예수님께서도 백성들을 불쌍히 여기셔서 그들을 가르치셨다.

> **마가복음 6:34** "예수께서 나오사 큰 무리를 보시고 그 목자 없는 양 같음을 인하여 불쌍히 여기사 이에 여러 가지로 가르치시더라"

헨드릭슨(250)은 이렇게 말한다. 예수님은 마음속으로 그들의 슬픔을 자세히 살피신다. 그는 그들을 이해하신다. 그는 그의 마음으로 그들의 짐을 지신다. 그는 그들을 치유하신다. 그에게 있어서 동정이란 단순한 기분이 아니다. 그것은 유익한 행동으로 변모된 다정한 감정이다. 그것은 가능한 한도의 동일시함이다. 그것은 단순한 감정이 아니라 행위이며 더욱이 일련의 실천들인 것이다.

> **민수기 27:16-17** "[16]여호와여, 모든 육체의 생명의 하나님이시여 원하건대 한 사람을 이 회중 위에 세워서 [17]그로 그들 앞에 출입하며 그들을 인도하여 출입하게 하사 여호와의 회중이 목자 없는 양과 같이 되지 않게 하소서"
>
> **에스겔 34:5** "목자가 없으므로 그것들이 흩어지고 흩어져서 모든 들짐승의 밥이 되었도다"
>
> **이사야 63:9** "그들의 모든 환난에 동참하사 자기 앞의 사자로 하여금 그들을 구원하시며 그의 사랑과 그의 자비로 그들을 구원하시고 옛적 모든 날에 그들을 드시며 안으셨으나"

1절의 "여호와는 나의 목자시니 내게 부족함이 없으리로다"라는 문장은 원래 "내게 부족함이 없으리로다. 왜냐하면 여호와가 나의 목자이시기 때문이다"라는 평범한 문장인데, 퀼러(229)는 이처럼 원인의 측면에서 보든지, 아니면 시간의 측면에서 보아 "여호와가 나의 목자이신 한 나는 부족함이 없으리로다"로 이해할 수도 있다고 하였다. 칼빈은 "… 그러므로 내게 부족함이 없으리로다"로, 페론은 "… 내게 부족할 수 없으리로다"로 번역하였다. 1절을 반대로 생각하면 "… 그러므로 내게 부족하리로다"로 그리고 "… 내게 부족할 수밖에 없으리로다"로 이해된다. 이는 결국 목자가 양의 모든 것임을 역설하는 것이다. 에스겔 15:2-5와 요한복음 15:5의 말씀이 이를 반영하여 준다.

> **에스겔 15:2-5** "²인자야 포도나무가 모든 나무보다 나은 것이 무엇이랴 숲속의 여러 나무 가운데에 있는 그 포도나무 가지가 나은 것이 무엇이랴 ³그 나무를 가지고 무엇을 제조할 수 있겠느냐 그것으로 무슨 그릇을 걸 못을 만들 수 있겠느냐 ⁴불에 던질 땔감이 될 뿐이라 불이 그 두 끝을 사르고 그 가운데도 태웠으면 제조에 무슨 소용이 있겠느냐 ⁵그것이 온전할 때에도 아무 제조에 합당하지 아니하였거든 하물며 불에 살라지고 탄 후에 어찌 제조에 합당하겠느냐"
>
> **요한복음 15:5** "나는 포도나무요 너희는 가지라 그가 내 안에, 내가 그 안에 거하면 사람이 열매를 많이 맺나니 나를 떠나서는

너희가 아무 것도 할 수 없음이라"

특히 요한복음 15:5의 말씀에서 포도나무에 붙어 있지 않는 가지의 운명이 여실히 드러난 바와 같이 잎만 무성한 나무요 직분은 맡았으나 직무를 충실하게 감당하지 않은 인물이 그러할 것이다. 그러나 가지에 붙어 있는 포도나무는 풍성한 열매를 맺을 것이다. 우리는 포도나무 가지를 자르면 가지에서 풍성한 액체가 흐르는 것을 보고 놀라게 된다. 아래의 성구들은 선민에게 부족함이 없음을 보여준다.

출애굽기 16:18 "오멜로 되어 본즉 많이 거둔 자도 남음이 없고 적게 거둔 자도 부족함이 없이 각 사람은 먹을 만큼만 거두었더라"

신명기 2:7 "네 하나님 여호와께서 네가 하는 모든 일에 네게 복을 주시고 네가 이 큰 광야에 두루 다님을 알고 네 하나님 여호와께서 이 사십 년 동안을 너와 함께 하셨으므로 네게 부족함이 없었느니라 하시기로"

신명기 8:7-10 "⁷네 하나님 여호와께서 너를 아름다운 땅에 이르게 하시나니 그 곳은 골짜기든지 산지든지 시내와 분천(噴泉)과 샘이 흐르고 ⁸밀과 보리의 소산지요 포도와 무화과와 석류와 감람나무와 꿀의 소산지라 ⁹네가 먹을 것에 모자람(미쓰케누트)이 없고 네게 아무 부족함이 없는 땅이며 그 땅의 돌은 철이요 산에서는 동을 캘 것이라 ¹⁰네가 먹어서 배부르고 네 하나님 여호와께서 옥토를 네게 주셨음으로 말미암아 그를 찬송하리라"

블레어(41)에 의하면, "민족"을 과거에 대한 기억과 미래에 대한 소망을 지닌 인간 집단이라 정의하고 이스라엘 민족이 여기에 해당한다고 말한다. 그는 특히 "기억하다"(시 77:11)라는 용어가 이스라엘 민족의 특징을 가장 잘 드러낸다고 역설한다. 사실 다윗이 갖는 여호와께 대한 신뢰의 근거는 물론 근본적으로는 여호와의 언약에 있지만 그와 못지않게 중요한 것은 그의 일생을 통하여 체득한 확신에 있었다는 사실이다. 브뤼그만(155)은 "내게 부족함이 없으리로다"를 이렇게 이해한다. 이스라엘은 무엇이든 영적인 것과 육적인 것 둘로 분리하는 것을 거절한다. 이는 이스라엘은 여호와께서 모든 필요를 채워주시는 분이심을 단언하는 것이라고 그는 이해한다. 매튜 헨리(166)는 이 구절에는 표현된 것보다 더 심오한 의미가 담겨 있다고 하였다. 즉 단순히 "내게 부족함이 없으리로다"라는 의미뿐 아니라 "내가 필요로 하는 것은 모두 주어질 것이다. 또한 만일 내가 원하는 것을 받지 못한다면 그것은 내게 합당하지 못하거나 혹은 내게 유익이 되지 못하거나, 그것도 아니면 정하신 때에 받게 될 것이라고 결론지으리라"는 의미도 담겨 있다고 그는 이해한다. 로마서 8:35-39의 말씀은 시편 23편의 "여호와는 나의 목자시니 내게 부족함이 없으리로다"와 무관하지 않다.

> **로마서 8:35-39** " [35]누가 우리를 그리스도의 사랑에서 끊으리요 환난이나 곤고나 박해나 기근이나 적신이나 위험이나 칼이랴 [36]기록된 바 우리가 종일 주를 위하여 죽임을 당하게 되며 도살당할 양 같이 여김을 받았나이다 함과 같으니라 [37]그러나 이 모든 일에 우리를 사랑하시는 이로 말미암아 우리가 넉넉히 이기느니라 [38]내가 확신하노니 사망이나 생명이나 천사들이나 권세자들이나 현재 일이나 장래 일이나 능력이나 [39]높음이나 깊음이나 다른 어떤 피조물이라도 우리를 우리 주 그리스도 예수 안에 있는 하나님의 사랑에서 끊을 수 없으리라"

따라서 존 머레이(331)는 이렇게 이해한다. 35절 이하에 열거된 것들은 하나님의 성도들이 지상의 순례의 여정에서 직면하는 역경들을 두드러지게 보여준다. 이러한 용어들에 의하여 나타낸 역경들이 역설되면 될수록 그리스도의 사랑이 불변함은 더욱 명확하다.

2절 "그가 나를 푸른 풀밭에 누이시며

　　　쉴 만한 물 가로 인도하시는도다"

　2절에서는 양에게 있어서 필수적으로 필요한 것들 가운데서 첫 단계에 관한 것을 묘사한다. 필립 켈러(43)는 다음의 네 가지 조건이 충족되지 않는 한, 양이 눕는 것은 거의 불가능하다고 말한다.

　　1) 겁이 많아서 두려움에서 완전히 벗어나야만 한다.
　　2) 집단 안에서 사회적 행동을 하는 동물인지라 저희들 사이에
　　　 불화가 있는 한 누우려 하지 않는다.
　　3) 파리나 기생충 때문에 가려움이나 해충이 없어야 양들은 긴
　　　 장을 푼다.
　　4) 배부르게 꼴을 먹지 않는 한 그들은 누우려 하지 않는다.

　목자는 반추동물인 양떼에게 특별한 관심을 가져야 한다. 하임(62)에 의하면, 양이 반추할 때에는 누어서 의식이 완전하지 않은 상태에 놓인다. 이 단계에서 양은 특히 약탈하는 맹수들에게 당하기 쉽다. 이런 이유 때문에 반추동물들은 2절의 푸른 풀밭과 쉴만한 장소 사이에서 방황하게 된다. 그들을 먹이는 장소가 바로 약탈하는 맹수들이 그들을 노리는 그곳이다. 따라서 반추동물들은

다시금 다른 은신처들로 가기 전에 급히 먹는 경향이 있다.

목자는 새끼를 밴 암양의 6개월이라는 기간도 염두에 두어야
할 것이다. 또한 새끼를 낳을 때에는 이동을 멈추어 원만한 출산
이 이루어지도록 만전을 기해야 한다. 필립 켈러(45)는 새끼를 가
져 몸이 무거운 암양들은 들개나 그 밖의 사나운 짐승에게 쫓기게
되면 견디지 못하고 유산하고 만다고 말한다. 그러한 맹수들의 공
격에서 빚어지는 목자의 손실은 막대하다는 것이다.

> **창세기 33:13** "야곱이 그에게 이르되 내 주도 아시거니와 자식들
> 은 연약하고 내게 있는 양 떼와 소가 새끼를 데리고 있은즉 하
> 루만 지나치게 몰면 모든 떼가 죽으리니"

다윗의 출생

다윗은 2절에서 양이 푸른 초장에 눕게 되고 물가로 인도함을
받게 되는 모든 혜택이 목자에 의한 것이라고 고백한다. 다시 말
해 그가 이스라엘 선민인 이새의 가정에 태어나 수혜자가 된 것이
하나님의 섭리에 의한 것이라고 고백하는 것이다.

> **시편 22:9-10** " ⁹오직 주께서 나를 모태에서 나오게 하시고 내

어머니의 젖을 먹을 때에 의지하게 하셨나이다 ¹⁰내가 날 때부터 주께 맡긴 바 되었고 모태에서 나올 때부터 주는 나의 하나님이 되셨나이다"(다윗의 시. 사 49:1; 렘 1:5; 갈 1:15 참조)

시편 71:5-6 "⁵주 여호와여 주는 나의 소망이시요 내가 어릴 때부터 신뢰한 이시라 ⁶내가 모태에서부터 주를 의지하였으며 나의 어머니의 배에서부터 주께서 나를 택하셨사오니 나는 항상 주를 찬송하리이다"(다윗의 시 -LXX, 헹스텐베르크, 에드워드 영, 박윤선).

시편 139:13-16 " ¹³주께서 내 내장을 지으시며 나의 모태에서 나를 만드셨나이다 ¹⁴내가 주께 감사하옴은 나를 지으심이 심히 기묘하심이라 주께서 하시는 일이 기이함을 내 영혼이 잘 아나이다 ¹⁵내가 은밀한 데서 지음을 받고 땅의 깊은 곳에서 기이하게 지음을 받은 때에 나의 형체가 주의 앞에 숨겨지지 못하였나이다 ¹⁶내 형질이 이루어지기 전에 주의 눈이 보셨으며 나를 위하여 정한 날이 하루도 되기 전에 주의 책에 다 기록이 되었나이다"

다윗의 소명

　　다윗은 사람의 됨됨이로 볼 때에 어릴 때부터 유별난 존재는 아니었다. 팔레스타인 지역에서 태어난 소년이라면 가사를 돕기 위하여 양치기를 하는 것이 예사였듯이 그도 대가족의 막내로 태어났기에 특히 부모님이나 형제들이 보기에 그는 그런 일을 할 정도의 소년에 불과하였다. 그러던 어느 날 이새의 가정에 선지자 사무엘이 방문한 것이다. 그런데 이새는 사무엘이 자신의 집에 여호와께 제사하러 오는 것을 알면서도 전과 같이 다윗에게 양 지키는 자에게 양을 맡기고 오도록 조치를 취해야 마땅하였지만 그렇게 하지 않았다. 사무엘상 17:20에 따르면, 이새가 다윗을 시켜 형들의 안부를 묻게 하려고 보냈을 때에 "다윗이 양을 양 지키는 자에게 맡기고" 형들에게 갔다. 이새가 사무엘 앞에서 취한 행동은 그가 장자에 대한 예우를 중시한 것이므로 극히 성경적이었다고 보아야 할 것이다. 그리고 특히 다윗이 자기를 살해하려는 사울 왕을 피하여 아둘람 굴로 도망하는 위기에 처하였을 때에 이새가 온 식구를 인솔하여 그에게 합류한 신앙의 용단도 높이 평가받아야 마땅하다(삼상 22:1).

다윗이 소명을 받는 내용은 참으로 특이하다.

사무엘상 16:6-13 "⁶그들이 오매 사무엘이 엘리압을 보고 마음에 이르기를 여호와의 기름 부으실 자가 과연 주님 앞에 있도다 하였더니 ⁷여호와께서 사무엘에게 이르시되 그의 용모와 키를 보지 말라 내가 이미 그를 버렸노라 내가 보는 것은 사람과 같지 아니하니 사람은 외모를 보거니와 나 여호와는 중심을 보느니라 하시더라 … [10]이새가 그의 아들 일곱을 다 사무엘 앞으로 지나가게 하나 사무엘이 이새에게 이르되 여호와께서 이들을 택하지 아니하셨느니라 하고 [11]… 네 아들들이 다 여기에 있느냐 … 아직 막내가 남았는데 그는 양을 지키나이다 사무엘이 이새에게 이르되 사람을 보내어 그를 데려오라 그가 여기 오기까지는 우리가 식사 자리에 앉지 아니하겠노라 [12]이에 사람을 보내어 그를 데려오매 그의 빛이 붉고 눈이 빼어나고 얼굴이 아름답더라 여호와께서 이르시되 이가 그니 일어나 기름을 부으라 하시는지라 [13]사무엘이 기름뿔병을 가져다가 그에게 부었더니 이 날 이후로 다윗이 여호와의 영에게 크게 감동되니라 …"

구약성경에서 하나님께서 자신의 뜻을 이루시기 위하여 인간을 쓰실 때에는 하나님을 주어로 하여 동사인 "감동하다", "움직이다", "부추기다"(우르의 사역형)를 주로 사용한다. 예를 들면 학개 1:14에 "… 스룹바벨의 마음과 … 여호수아의 마음과 남은 모든 백성의 마음을 감동시키시매"(와야아르 아도나이 에트-루아흐 ~)가 있다. 한글 역본들은 우르와 루아흐(영/심령)를 각각 아래와 같이 다양하게 번역하였다.

개역개정판

"마음을 감동하다" – 역대하 36:22; 에스라 1:1; 학개 1:14.

"마음을 일으키시며" – 역대상 5:26.

"마음을 격동시키사" – 역대하 21:16.

"사람을 내가 충동하여" – 이사야 13:17(원문에 루아흐 없음).

"멸망시키는 자의 심령을 부추겨 바벨론을 치고" – 예레미야 51:1.

"메대 왕들의 마음을 부추기사" – 예레미야 51:11.

공동번역성서

"마음을 움직이셨다" – 역대하 36:22; 에스라 1:1; 학개 1:14.

"마음을 부추겨" – 역대상 5:26.

"마음을 부추겨" – 역대하 21:16.

"사람을 부추겨" – 이사야 13:17(원문에 루아흐 없음).

"내가 광풍을 일으켜 바빌론과 렙카마이 주민들을 쓸어 가리라" – 예레미야 51:1. –JB, REB 참조.

"메대 왕을 부추기어 바빌론을 멸망시키기로 결심하셨다" – 예레미야 51:11.

표준새번역개정판:

"마음을 감동하다" – 에스라 1:1; 학개 1:14.

"마음을 부추기셔서" – 역대상 5:26.

"마음을 부추겨" – 역대하 21:16.

"메대 사람들을 불러다가 바빌론을 공격하겠다" – 이사야 13:17(원문에 루아흐 없음).

"내가 바빌로니아를 치고 레브 카마이의 백성을 치기 위하여" – 예레미야 51:1. –JB, REB 참조.

"마음을 움직여" – 역대하 36:22; 예레미야 51:11.

"마음을 감동시키다", "마음을 움직이다" 혹은 "마음을 부추기다"라는 표현들에서 "마음"(개역개정판)으로 번역된 단어는 히브리어 원문에서는 "심"(心)으로 번역되는 *레브*가 아니라 "영/심령"으로 번역되는 *루아흐*이다. 따라서 고대역본들을 위시한 거의 모든 서구의 역본들처럼 이 단어를 "영/심령"("spirit")으로 번역하는 것이 바람직하다(스 1:1 "고레스의 심령" – 중국신역본; 렘 51:1 "심령"). 그리고 *우르* 동사를 개역영어성경(REB)과 개역개정판은 "감동시키다"로 번역하였다. 따라서 *우르* 동사의 주어가 하나님일 경우에는 이스라엘의 하나님은 단지 한 민족의 수호신이 아니라 온 세계의 역사를 주관하시는 분이심을 드러낸다. 따라서 하나님께서는 자신의 뜻을 이루시기 위하여 선민뿐 아니라 이방 지도자들의 "심령"도 움직이셨다. 하나님은 고레스의 심령을, 앗수르 왕 디글랏빌레셀의 심령을, 메대 왕들의 심령을 그리고 블레셋 사람과 아라비아 사람의 심령도 뜻대로 사용하셨다(대하 21:16). 특히 하나님께서 페르시아 왕 고레스의 영을 감동시키신 결과는 참으로 놀라울 뿐이다.

위의 성구들에서 루아흐를 어떻게 번역할 것인가? 물론 루아흐("영/심령")와 레브("마음")가 평행법적으로 사용된 예가 있다.

> 시편 51:10 루아흐 나콘("정직한 영")//시편 57:8 나콘 리비("내 마음이 확정되었고")
>
> 시편 51:19 루아흐 니슈바라("상한 심령")//시편 34:18 니슈베레-레브 ("마음이 상한 자"); 이사야 61:1 "마음이 상한 자"

그러나 레브는 "마음" 그리고 루아흐는 "심령"으로 번역하고 동사 우르도 가능한 한 하나로 통일하는 것이 독자들에게 유익이 될 것이다.

하나님께서 자신의 뜻을 이루시기 위하여 어떤 인물을 쓰실 때에 사용되는 또 하나의 용어는 짤라흐인데 이 동사가 특히 다윗이 소명을 받을 때에 사용되었다(삼상 16:13 "사무엘이 기름뿔병을 가져다가 그에게 부었더니 이 날 이후로 다윗이 여호와의 영에게 크게 감동

되니라 …" 와티쁠라흐 루아흐-YHWH 엘-다위드. 직역 "그리고 여호와
의 영이 다윗에게 감동하니라"). 하나님께서는 양치기 소년 다윗을
선택하셔서 장차 메시아 왕국을 건설하는 사역을 형통하게 하신
것이다. 동사 짤라흐의 용례는 아래와 같다.

하나님이 기뻐하시는 뜻의 성취

이사야 53:10 "여호와께서 그에게 상함을 받게 하시기를 원하사
질고를 당하게 하셨은즉 그의 영혼을 속건제물로 드리기에 이
르면 그가 씨를 보게 되며 그의 날은 길 것이요 또 그의 손으로
여호와께서 기뻐하시는 뜻을 성취하리로다"

이사야 55:11 "내 입에서 나가는 말도 이와 같이 헛되이 내게로
되돌아오지 아니하고 나의 기뻐하는 뜻을 이루며 내가 보낸 일
에 형통함이니라"

형통

시편 1:3 "그가 하는 모든 일이 다 형통하리로다"

시편 37:7 "여호와 앞에 잠잠하고 참고 기다리라 자기 길이 형통
하며"

시편 118:25 "이제 형통하게 하소서"

잠언 28:13 "자기의 죄를 숨기는 자는 형통하지 못하나"

쓸모

이사야 54:17 "모든 연장이 쓸모가 없을 것"

예레미야 13:7 "띠가 썩어서 쓸 수 없게 되었더라"

에스겔 15:4(포도나무 가지) "제조에 무슨 소용이 있겠느냐"

전쟁의 승리

열왕기상 22:12,15; 역대하 18:11,14; 예레미야 32:5.

아브라함의 종의 형통

창세기 24:21,40,42,56. "평탄한 길 / 형통함 / 형통한 길"

요셉의 형통

창세기 39:2,23 "²여호와께서 요셉과 함께 하시므로 그가 형통한 자가 되어 ²³여호와께서 요셉과 함께 하심이라 여호와께서 그를 범사에 형통하게 하셨더라"(시 105:17-19 참조)

여호수아에게 주신 여호와의 말씀

여호수아 1:8 "이 율법책을 … 다 지켜 행하라 그리하면 네 길이 평탄하게 될 것이며 네가 형통하리라"

다윗이 솔로몬에게 남긴 유언

역대상 22:11,13 "¹¹… 여호와께서 너와 함께 계시기를 원하며 ¹³… 모든 법도와 규례를 삼가 행하면 형통하리니"

솔로몬의 형통

역대상 29:23 "… 아버지 다윗을 이어 왕이 되어 형통하니"
역대하 7:11 "… 그가 이루고자 한 것을 다 형통하게 이루니라"

여호사밧의 권면

역대하 20:20 "… 너희는 여호와를 신뢰하라 … 그의 선지자들을 신뢰하라 그리하면 형통하리라 하고"

히스기야의 형통

역대하 31:21 "… 그의 하나님을 찾고 한 마음으로 행하여 형통하였더라"
역대하 32:30 "그의 모든 일에 형통하였더라"

느헤미야의 간구

느헤미야 1:11 "… 오늘 종이 형통하여 이 사람 앞에서 은혜를 입게 하옵소서 …"

3절상 "내 영혼을 소생시키시고"

이 표현은 구약성경에서 본문에만 사용되었고 목적어 "내 영혼"(나프쉬)을 동사 "소생하다", "회복하다"(슈브) 앞에 도치시켜 강조하였다(나프쉬 예쇼베브. 직역: "내 영혼을 그가 소생시키신다"). 그리고 동사도 강세형(포렐형)이 사용되었다. 따라서 브리그스(207)는 "그가 나의 영혼을 영원히 소생시키신다"로 번역하였다. 김정우(I:537)는 이 포렐형이 행동의 지속성과 확실성 및 '활동의 복수성'을 시사한다고 이해한다.

"영혼이 돌아오다/소생하다/회복하다"(슈브+네페쉬)의 용례는 아래와 같다.

"내 영혼아 돌아갈지어다"

시편 116:7 "내 영혼아 네 평안함으로 돌아갈지어다 여호와께서 너를 후대하심이로다"

열왕기상 17:21-22 "²¹ ··· 내 하나님 여호와여 원하건대 이 아이의 혼으로 그의 몸에 돌아오게 하옵소서 하니 ²²여호와께서 엘리야의 소리를 들으시므로 그 아이의 혼이 몸으로 돌아오고 살아난지라"

"영혼을 구원하다/건지다"(使役形: 하쉬바 나프쉬)

시편 35:17(다윗의 시) "내 영혼을 저 멸망자에게서 구원하시며"

"이 목숨 건져 주소서"(공동번역성서)

"이 생명을 … 건져 주십시오"(표준새번역개정판)

애가 1:16 "내 생명을 회복시켜 줄 자"

애가 1:19 "그들의 목숨을 회복시킬 그들의 양식을 구하다가"

헹스텐베르크(405-406)는 본문의 말씀이 내 몸이 지치고 피로할 때에 마치 선한 목자가 으레 건장한 양뿐만 아니라 특별히 약하고 병든 양을 돌보듯 그분이 나를 소생시키신다는 뜻이라고 이해한다. 비키(204-205)는 양이 방황하게 되는 이유를 아래와 같이 제시한다.

1) 양이 항상 목자에게 눈을 고정시켜야 한다는 것을 잊을 때. … 양은 갑자기 홀로 되어 방향 감각과 양떼의 발자취를 뒤좇는 능력을 잃어 버리고는 두려움에 사로잡히게 된다.
2) 다른 양을 뒤따라갈 때 나쁜 길로 빠지게 된다. 떼지어 다니는 습성 때문에 양은 다른 양들과 함께 있기를 좋아한다.
3) 양은 자신의 길로 고집스럽게 갈 때 무리에서 이탈하게 된다.

양들이 항상 푸른 풀밭이나 쉴만한 물가에서 즐기기만 할 수 없는 것처럼 순례자의 여정 역시 정신적으로나 육체적으로 힘들고 고달픈 때가 있는 법이다. 따라서 시인은 이렇게 읊게 되는 것이다.

시편 42:11 "내 영혼아 네가 어찌하여 낙심하며 어찌하여 네 속에서 불안해 하는가 너는 하나님께 소망을 두라 …"(고라의 시)

시편 38:6,8 "[6]내가 아프고 심히 구부러졌으며 종일 슬픔 중에 있나이다 … [8]내가 피곤하고 심히 상하였으매 마음이 불안하여 신음하나이다"(다윗의 시)

시편 51:17 "하나님께서 구하시는 제사는 상한 심령이라 하나님이여 상하고 통회하는 마음을 주께서 멸시하지 아니하시리이다"(다윗의 시)

하나님께서 밧세바 사건으로 말미암아 상하고 통회하는 다윗의 심령을 소생시키신 화두를 이렇게 시작한다.

사무엘하 11:1 "그 해가 돌아와 왕들이 출전할 때가 되매 다윗이 요압과 그의 부하들과 온 이스라엘 군대를 보내니 그들이 암몬 자손을 멸하고 랍바를 에워쌌고 다윗은 예루살렘에 그대로 있더라"

1절 상반부의 원문은 3개의 *와우* 접속사 계속법+미완료형으로 되어있다.

　　"그리고 다윗이 보냈다"(*와이슐라흐 다위드*)
　　"그리고 그들이 … 멸하였다/무찔렀다"(*와야슈히투*)
　　"그리고 그들이 … 에워쌌다"(*와야쭈루*)

　　그러나 이와는 달리 1절 하반부는 단순한 이접적(離接的) 접속사 *와우*+"남아 있었다"(*야샤브*)라는 동사의 분사형(分詞形 *요쉐브*)으로 되어있다. 그러므로 서구의 역본들은 이 접속사 *와우*를 "그리고"가 아닌 "그러나"로 번역한다(NEB는 "~하는 동안"). 그리고 그 다음절 2절에서 "그가 침상에서 일어나"라는 표현을 헨리 P. 스미스(317)는 "그가 낮잠에서 일어나"로 번역하였다. 이러한 문장 구조에 따르면, 요압 장군과 전군이 적을 무찌르기 위하여 총력을 기울이는 것과는 정반대로 군의 총사령관이었던 다윗이 왕궁 옥상에서 무심히 거닐고 있었다는 것을 드러낸다. "거닐더라"로 번역한 히브리어의 "걷다/행하다"(*할라크*) 동사는 상호적인 이중적 성격을 지닌 재귀형(再歸形 *이트할레크*)이다. 따라서 불어역본들은 이를 "산책을 하였다"로 옮겼다. 아래의 재귀형의 예가 도움이 될 것이다.

하나님이 자신을 나타내심

창세기 3:8 "동산에 거니시는 여호와 하나님"

레위기 26:12 "나는 너희 중에 행하여"

신명기 23:14 "네 진영 중에 행하심이라"

사무엘하 7:6 "장막과 성막 안에서 다녔나니"

역대기상 1:6 "이스라엘 무리와 더불어 가는 곳"

하나님과의 동행

에녹(창 5:24); 노아(창 6:9)

하나님 앞에서 행함

아브람(창 17:1); 다윗(시 56:13); 히스기야(왕하 20:3=사 38:3);

"섬김"(개역개정판. 원문은 "동행"), 아브라함과 이삭(창 24:40; 48:15).

아브람의 땅

창세기 13:17 "너는 일어나 그 땅을 종과 횡으로 두루 다녀 보라 내가 그것을 네게 주리라"

가나안 땅의 분배

여호수아 18:4,8.

왕의 출입(통솔력)

사무엘상 12:2(2회).

사탄의 정찰 활동

욥기 1:7; 2:2 "땅을 두루 돌아 여기저기 다녀왔나이다"

이상하리만큼 학자들은 언약궤가 어디에 있었는지 크게 관심을 기울이지 않는 것 같다. 로젠버그(107)는 의미심장하게도 이 사건에서 문제의 장본인을 다만 "다윗"이라고 칭할 뿐, "왕"이나 "다윗 왕"으로는 부르지 않는다고 상기시킨다. 그리고 언약궤에 관한 언급이 11:1에는 없고 11절에 와서야 언급된다는 점도 언약궤를 다윗과 연관시키기보다는 하나님을 경외하는 우리아의 입으로 말하게 하는 것이 더 적합한 것으로 여겨서 그렇게 한 것이 아닌가 생각된다. 다윗의 치명적 실수는 다른 데에 있는 것이 아니라 하나님의 임재를 상징하는 언약궤가 머무는 그곳에 머물러 있지 않았다는 데에 있었다("이름"과 제단, 성전의 관계: (1) "나의 이름을 두다"[쑴 쉐미] 신 14:24; 왕하 21:4,7. (2) "나의 이름이 거기 있으리라"[이흐예 쉐미 샴] 왕상 8:29. (3) "그의 이름을 거하게 하다"[쉬켄 쉐모] 신 12:11 -JB, NASB; 느 1:9 -NIV; 렘 7:12 -NIV. 요 1:14; 행 7:46 참조).

목자에게서 이탈한 양을 노리던 맹수처럼 사명을 망각하고 엉뚱한 곳에서 서성거린 다윗은 사탄이 공격하기에 더 없이 좋은 표적이 된 것이다. 어거스틴(335)은 밧세바의 사건을 빗대어 말하기를 "여인은 멀고 정욕은 가깝다"라고 하였다. 다윗은 하나님께서 네 이웃의 집을 탐내지 말고 하신 계명을 지켜야 할 의무가 있는 왕이었는데도 불구하고 오히려 자신이 그것을 범한 것이다. 다윗을 범죄로 이끈 2절 이하의 사건은 *와우* 접속사 계속법+미완료형으로 연속된다. 이는 다윗이 국사를 집행하는 데에는 활발하게 활동하지 않았으나 범죄하는 일에는 활동력을 맹렬히 발휘한 격이 되었다는 것을 보여준다.

2절 "그리고 그는 보았다

3절 그리고 다윗은 보냈다 그리고 그는 물어보았다

4절 그리고 다윗은 보냈다 그리고 그는 그 여자를 데려오게 하였다. 그리고 그 여자는 그에게로 왔다 그리고 그는 그 여자와 동침하였다"

매켄지(149)가 잘 지적한 대로 일반적으로 다윗의 큰 죄는 전쟁에 나가지 않은 데에 있다고 생각한다. 그가 예루살렘에 머문 것은 게으름("게으름은 악마의 놀이터"), 지루함, 공포심, 소심, 부유함, 별난 생각 혹은 이 모든 것을 다 포함하는 것으로 이해되고 있다. 다윗이 왜 출정을 하지 않고 예루살렘에 머물게 되었는지는 알려지지 않아 우리로서는 알 수가 없다. 그러나 그렇게 머물러 있어야 할 이유를 찾아보고자 한다면 성경의 예를 통하여 다음의 두 가지를 말할 수 있을 것이다. 첫째는 왕의 안위를 염려한 신하들의 간청이 있을 경우이다.

> **사무엘하 21:17** "… 다윗의 추종자들이 그에게 맹세하여 이르되 왕은 다시 우리와 함께 전장에 나가지 마옵소서 이스라엘의 등불이 꺼지지 않게 하옵소서"

둘째는 다윗 자신이 종종 중대사에 맞닥뜨릴 때에 여호와께 여쭈어 순종한 것처럼 이때에도 머물러 있으라는 응답을 받았을 경우이다. 하지만 성경은 이런 경우에 대하여 침묵한다. 다윗이 여호와께 여쭈어 순종한 예는 아래와 같다.

> **사무엘상 23:2-3** 블레셋이 그릴라를 침략하였을 때.

사무엘상 30:8 아말렉을 칠 때.

사무엘하 2:1 즉위 직후 어디로 올라갈지를 여쭐 때.

사무엘하 5:19 블레셋을 칠 때.

사무엘하 5:23-25 블레셋이 다시 침략하였을 때.

다윗의 밧세바 사건은 하와가 하나님의 금령을 어긴 사건과 유사한 점이 있다.

창세기 3:6 "여자가 그 나무를 본즉 먹음직도 하고 보암직도 하고 지혜롭게 할 만큼 탐스럽기도 한 나무인지라 …"

직역: "그 여자가 보았다 그 나무가 먹기에 좋다는 것과 눈에 즐겁다는 것을"

사무엘하 11:2하 "… 그 곳에서 보니 한 여인이 목욕을 하는데 심히 아름다워 보이는지라"

직역: "그가 보았다 … 그리고 그 여자는 용모가 매우 좋았다"(하이샤 토바 마르에 메오드).

유대인 주석가 라쉬(Rashi)는 창세기 3:6의 동사 "보다"(라아)가 "이해되었다"는 뜻으로 사용되었다고 여겨 하와가 뱀에게 설득되었다고 주장한다(코헨 창세기 13). 카쑤토(창세기 147)는 창세기

30:1,9의 라헬("라헬이 자기가 야곱에게서 아들을 낳지 못함을 보고")과 레아("레아가 자기의 생산이 멈춤을 보고")의 경우를 예로 제시한다. 이 성구에서 "보다"라는 말은 단순히 사물을 시각적으로 보는 차원을 넘어 그것을 마음에 깊이 새기거나 담는 것을 뜻한다. 이것은 대상에 대한 선택적이고 집중적인 반응 곧 안목의 욕심에 찬 반응을 보였다고 이해할 수 있다. 신속하게 진행된 하와의 범죄 상황 역시 단 한 절로 다루었다.

> **창세기 3:6** "그리고 그 여자는 보았다 … 그리고 그 여자는 그 열매를 땄다 그리고 그 여자는 먹었다 그리고 그 여자는 … 주었다 그리고 그도 먹었다"

D. F. 페인(306-307)은 왕들이 출전할 때가 되었는데도 다윗이 바로 출전하지 않았기 때문에 이를 극적인 얄궂음이라고 하였다. 로젠버그(105)는 전쟁 시에 다윗이 전장터에 나가지 않은 것이 이번이 처음이라고 이해하는 반면에, 매켄지(155)는 다윗이 요압과 군대를 전투에 보낸 것은 이번이 처음이 아니기 때문에(삼하 10:7; 11:1) 그가 특별히 잘못한 것이 없으며, 후방에 남아서 국사를 돌보았을 뿐이라고 주장한다. 그는 또한 사무엘하 11:1의 분석이 다른 증거를 제공하기조차 한다고 말한다. 즉, 밧세바 사건에

는 다윗의 자료에 후기−신명기학파의 경향이나 더욱 부정적인 경향이 첨가되었다는 것이다(157). 그러면서 그는 다음과 같이 결론을 내린다. 다윗은 왜 예루살렘에 남아 있었던 것인가? 본문은 그 이유를 제시하지 않는다. 다윗이 전투에 나갔어야 한다는 암시도 없다. 다윗의 죄는 그가 어디에 있었느냐 하는 문제이기보다는 거기에서 무엇을 하였느냐 하는 문제에 있다(158). 위에서도 언급한 바와 같이 다윗이 여호와의 임재를 상징하는 언약궤와 함께 머물러 있으면서 할 일을 감당하여야 하는 것이 군왕인 다윗에게는 마땅하였다고 여겨진다. 단언컨대 다윗이 그렇게만 하였더라면, 쿠루빌라(6)가 이 사건의 절정이라고 말한 "다윗이 행한 그 일이 여호와 보시기에 악하였더라"(11:27하)라는 과오는 범하지 않았을 것이다.

다윗은 신하들의 만류가 없었던 것도 사실이거니와 더욱이 여호와의 지시도 받지 않고 자의로 그렇게 한 것이다. 비상시국을 맞이한 다윗은 신정국의 통치자로서 마땅히 지녀야 할 영적, 직무적인 면에서 해이하여져 책임을 망각하게 되자 "욕심이 잉태한즉 죄를 낳고 죄가 장성한즉 사망을 낳"(약 1:15)는 결과로 이어지는 가속도를 막을 수 없게 된 것이다.

사무엘하 11:26은 다윗의 죄상을 또 다른 면에서 폭로한다. 우선 다윗은 자신의 죄를 은닉하기 위하여 우리아를 전방에서 철수시켜 집에서 그의 아내와 동거하게 한다. 이를 거절한 우리아의 충정심은 우리의 심금을 울린다(삼하 11:11).

"… 언약궤와 이스라엘과 유다가 야영 중에 있고 내 주 요압과
내 왕의 부하들이 바깥 들에 진치고 있거늘 내가 어찌 내 집으
로 가서 먹고 마시고 내 처와 같이 자리이까 내가 이 일을 행하
지 아니하기로 왕이 살아 계심과 왕의 혼의 살아 계심을 두고
맹세하나이다 하니라"

본문에서 "(그리고) 언약궤와 이스라엘과 유다가 야영 중에 있
다"는 말씀의 동사 "머물러 있다"(요쉐브의 분사형 복수)는 놀랍게
도 문장 구조나 동사의 시제에 있어서 1절의 "그리고 다윗이 예루
살렘에 머물러 있다"(요쉐브의 분사형 단수)라는 것과 일치한다. 이
는 결국 "언약궤, 이스라엘 그리고 유다"가 있어야할 곳에 머물러
각각 그 역할을 감당하고 있었으나 다윗은 그러하지 못하였다는
것을 여실히 드러내 준다. 분문에서 "언약궤가 야영 중"이라는 말
씀은 다윗의 이번 처사가 이전에 언약궤를 옮겨옴으로써 기뻐하였
던 경우(삼상 4:3-4)나, 그에게 메어 온 언약궤를 돌려보낸 경우
(삼하 15:24-25)에서 보여준 그의 태도에서 얼마나 큰 차이가 있었
는지를 여실히 보여준다.
　"내가 내 집으로 가서"는 원문으로 "내가, 내가 내 집으로 가서

…"(루이 세공 불어성경, TOB)라는 1인칭 대명사를 첨가한 강세형, 즉 "나는 결코 가지 않을 것입니다"라는 결의를 나타낸다. 따라서 본문에서는 신하된 우리아 편의 하나님을 경외하는 자세와 동시에 하나님께서 기름 부어 세우신 국왕에 대한 그의 충성심을 엿볼 수 있다. 이러한 충신을 "너희가 우리아를 맹렬한 싸움에 앞세워 두고 너희는 뒤로 물러가서 그로 맞아 죽게 하라"(15절)라고 내린 지령은 남쪽 유다 왕들이나 북쪽 이스라엘 왕들에게서 찾아볼 수 없는 극악무도한 범죄인 동시에 우리아와 대조되는 하나님을 업신여기는 처사이었다(12:9). 이로 인하여 우리아의 아내가 그의 주인(바알)을 위하여 슬피 울었다고 사무엘하 11:26은 서술한다.

> "우리아의 아내는 그 남편(이쉬) 우리아가 죽었음을 듣고 그의
> 남편(바알)을 위하여 소리 내어 우니라"

본문 상반부의 "남편/남자"(이쉬)는 아내/여자(이샤)의 대칭으로서 애정의 칭호이다(창 2:23; 3:6하,16하). 그러나 하반부의 "남편"(바알)은 남편으로서의 법적 지위, 주인, 가장 등을 가리킨다.

창세기 20:3 "그 밤에 하나님이 아비멜렉에게 현몽하시고 그에게 이르시되 네가 데려간 이 여인으로 말미암아 네가 죽으리라

그는 남편(*바알*)이 있는 여자임이라" "남편이 있는"은 "남편을 소유한"이라는 뜻.

출애굽기 21:3 "만일 그가 단신으로 왔으면 단신으로 나갈 것이요 장가 들었으면 그의 아내도 그와 함께 나가려니와" ("장가들었으면"은 "아내의 소유자이었으면"[*바알 이샤*]이라는 뜻).

신명기 22:22의 "유부녀"(*이샤 베울라트 바알*)는 "남편을 소유한 여자"

신명기 24:4의 "전 남편"(*바엘랑 하리숀*)은 "그녀의 첫 남편"이라는 뜻이다.

다윗의 기사에서 여기에서만 "남편"을 *바알*로 표현한다. 사무엘상 25:19의 아비가일의 "남편"은 *이쉬*이다. 마태복음 1:6의 "다윗은 우리아의 아내에게서 솔로몬을 낳고"라는 말씀이 우리아가 밧세바의 법적 남편(*바알*)임을 밝혀준다. "하나님이 짝지어 주신 것을 사람이 나누지 못할지니라"(막 1:9)라는 말씀을 어기며 충신 우리아의 아내를 빼앗을 뿐만 아니라 그를 고의적으로 살해하고도 태연하게 "칼은 이 사람이나 저 사람이나 삼키느니라"(삼하 11:25)라고 반응하는 다윗의 후안무치한 타락상은 가관이다 못하여 우리의 경각심을 불러일으키기에 충분하다.

이른바 하나님의 사랑을 받은 자라는 다윗이 이토록 영적으로 비참하여졌을 때에 하나님께서는 선지자 나단을 그에게 보내시어 그의 영혼을 회복시키셨다. 쿠루빌라(4)는 사무엘하 10-12장에 나타난 "보내다"라는 동사가 어떤 동기(motif)로 쓰였느냐를 다루는 논문에서, 이 동사는 사무엘하 11장의 1,3,4,6(3회),12,14,27절에서 반복되어 나타나는데, 이는 국왕의 권세와 황제의 권위를 가리키는 동기라고 하였다. 이 "보냄"은 다윗이 이기적이고 냉담하게 우리아와 거래한 것을 강조하고 있는데, 그 과정에서 하나님의 이름에 누를 끼치는 결과(12:9-14)를 가져올지라도 전혀 개의치 않는다는 것을 보여준다. 그럼에도 불구하고 이번에는 하나님께서 다윗을 용서하시기 위하여 나단을 "보내신다".

놀라운 사실은 나단이 밧세바 사건을 양의 비유를 들어 다루었다는 점이다. 목동 생활에서 몸이 배었던 다윗의 관심을 사로잡는 데에는 이보다 더 효과적인 비유는 없었을 것이다.

사무엘하 12:1-5,7,9 "¹… 한 성읍에 두 사람이 있는데 한 사람은 부하고 한 사람은 가난하니 ²그 부한 사람은 양과 소가 심히 많으나 ³가난한 사람은 아무것도 없고 자기가 사서 기른 작은 암양 새끼 한 마리뿐이라 그 암양 새끼는 그와 그의 자식과 함께 자라며 그가 먹는 것을 먹으며 그의 잔으로 마시며 그의 품에

누우므로 그에게는 딸처럼 되었거늘 ⁴어떤 행인이 그 부자에게
오매 부자가 … 가난한 사람의 양 새끼를 빼앗아다가 자기에게
온 사람을 위하여 잡았나이다 하니 ⁵다윗이 그 사람으로 말미암
아 노하여 나단에게 이르되 여호와의 살아계심을 두고 맹세하
노니 이 일을 행한 그 사람은 마땅히 죽을 자라 … ⁷나단이 다윗
에게 이르되 당신이 그 사람이라 이스라엘의 하나님 여호와께
서 이와 같이 이르시기를 내가 너를 이스라엘 왕으로 기름 붓기
위하여 너를 사울의 손에서 구원하고 … ⁹그러한데 어찌하여 네
가 여호와의 말씀을 업신여기고 나 보기에 악을 행하였느냐 네
가 칼로 헷 사람 우리아를 치되 암몬 자손의 칼로 죽이고 그의
아내를 빼앗아 네 아내로 삼았도다"

본문 3절하의 원문에서는 "그가 먹는 것(한 조각)", "그의 잔",
"그의 품" 모두가 동사 앞에 놓여 강조되었다. 그리고 5절의 "죽은
자"("사망의 자식")는 사울이 다윗에게 뱉은 "그는 죽어야할 자"라
는 말과 동일하다(삼상 20:31). 7절의 "내가 너에게 기름을 부었
다"와 "내가 너를 구원하였다"에서 각각 1인칭 대명사를 첨가하여
하나님의 특별하신 은혜를 강조하였다("내가 친히 …하였다").

시편에는 7대 참회의 시편들이 있는데 그중에서 시편 102와
130을 제외한 시편 6; 32; 38; 51; 143이 다윗의 참회의 시편들

이다(다윗의 "여호와" 시편과 "하나님"[엘로힘] 시편은 본서의 **다윗과 관련된 성구 색인**을 참조하라). 여기에서는 다윗의 대표적 참회의 시편인 51편을 살펴보고자 한다.

어거스틴은 자기 집 벽에 걸어놓은 이 참회의 시를 임종시에 암송하였다고 한다(매리 클라크 93). 외스털리(Oesterley)는 이 시편이 "단호한 솔직성으로 죄의 감수성을 사실적으로 표현하는 데에 있어서는 타의 추종을 불허한다고 논평하였다(루폴드 400에서 인용). 키드너(189)는 일곱 '참회의 시편들' 중에서 네 번째인 이 시편은 확실히 가장 위대한 시편이라고 극찬하였다. 이 시편은 다윗이 자아인식이 가장 암담한 순간에 등장한 시편이지만 그의 죄책의 심오함을 드러낼 뿐만 아니라 구원이 미치는 범위가 가장 멀리까지 내뻗음을 보여준다. 이 시편에서는 역시 표현의 다양함 곧 간절한 기원, 고백의 현재형, 과거형 그리고 미래형, 이 모두가 감사하게도 구속적 은혜를 굳게 붙잡는다고 그는 역설한다. 김정우 (II:161)에 의하면, 이 시편에는 개인 애가에서 가장 두드러진 요소인 원수에 대한 애통, 그들의 멸망에 대한 기원, 자신의 무죄에 대한 항변, 하나님의 개입을 호소하는 동기절(動機節) 등이 나타나지 않는다. 오히려 그 어느 시편에서도 볼 수 없는 죄의 고백과 죄사함에 대한 간청과 영적 갱신의 요소가 두드러지게 나타나고 있다.

시편 51:1 "¹하나님이여 주의 인자(헤쎄드)를 따라 내게 은혜를

베푸시며(한네니) 주의 많은 긍휼(라함)을 따라 내 죄악(페샤)

을 지워 주소서

²나의 죄악(아원)을 말갛게 씻으시며 나의 죄(하타아)를 깨끗이

제하소서

³무릇 나는 내 죄과(페샤)를 아오니 내 죄(하타아)가 항상 내 앞

에 있나이다

⁴내가 주께만 범죄하여(하타) 주의 목전에 악(라)을 행하였사

오니 …

⁵내가 죄악(아원) 중에서 출생하였음이여 어머니가 죄(헤테) 중

에서 나를 잉태하였나이다

¹⁰하나님이여 내 속에 정한 마음(레브 타호르)을 창조하시고 내

안에 정직한 영(루아흐 나콘)을 새롭게 하소서"

¹⁷하나님께서 구하시는 제사는 상한 심령이라 하나님이여 상하

고 통회하는 마음(레브-니슈바르 웨니드케)을 주께서 멸시하지

아니하시리이다

다윗은 시편 51편에서 감히 여호와라는 성호를 사용하지 못하

고 다만 하나님이라고 부르고 있다. 그는 특히 10절에서 "하나님

이여 내 속에 정한 마음을 창조(베라)하시고 내 속에 정직한 영을

새롭게(*하데쉬*) 하소서"라고 부르짖었다. 다윗은 창조주 하나님만이 자신의 전적 부패성을 제거하여 정한 마음을 허락하시고 정직한 영을 새롭게 하실 수 있으심을 깨닫고 부르짖은 것이다. 매코미스키(278)에 의하면 이 동사인 "창조하다"(*바라*의 기본형)는 하나님께서 하시는 일에만 사용되는 신학적 용어로서 하나님께서 어떤 새로운 것을 개시하심을 뜻한다. 이 용어를 신적 사역에 제한하는 것은 이 어원으로 묘사된 바가 인간의 행위 영역 밖에 속하기 때문이라고 한다. 본문의 "창조하다"와 "새롭게 하다"의 평행법(*바라*//*하데쉬*의 강세형)에서는 "정한 마음"과 "정직한 영"이 동사 앞에 위치하여 강조되었다. 아래의 예를 참조하라.

> **이사야 48:6-7** "[6] … 이제부터 내가 새 일 곧 네가 알지 못하던 은비한 일을 네게 듣게 하노니 [7]이 일들은 지금 창조된 것이요 옛 것이 아니라 오늘 이전에는 네가 듣지 못하였으니 이는 네가 말하기를 내가 이미 알았노라 하지 못하게 하려 함이라"
>
> **이사야 65:17** "보라 내가 새 하늘과 새 땅을 창조하나니 이전 것은 기억되거나 마음에 생각나지 아니할 것이라"
>
> **예레미야 31:22** " … 여호와가 새 일을 세상에 창조하였나니 …"

자신을 한 평범한 죄인이 아니라 죄인 중의 괴수로 여기며 드린 세리의 기도가 연상된다.

> **누가복음 18:13-14** "¹³세리는 멀리 서서 감히 눈을 들어 하늘을
> 쳐다보지도 못하고 다만 가슴을 치며 이르되 하나님이여 불쌍
> 히 여기소서 나는 죄인이로소이다 하였느니라 ¹⁴… 이 사람이
> 의롭다함을 받고 집으로 내려갔느니라 무릇 자기를 높이는 자
> 는 낮아지고 자기를 낮추는 자는 높아지리라 하시니라"(13절의
> "멀리 서서"는 분사형이다).

"세리"라는 칭호는 "창녀"(마 21:31,32) 그리고 "이방인"(마
18:17)과 함께 사용된다. 그는 이렇게 천한 인물이지만 하나님 앞
에서 겸허하게 죄를 고백할 때에 "의롭다함을 받았다"고 한다.

다윗은 나단을 통한 하나님의 책망을 듣자 곧 자신의 죄를 절
규하듯 "외쳤다"(NETB). "내가 죄를 지었습니다 여호와께!"라고.
하나님 아버지께서 듣기를 기뻐하시는 고백은 다름이 아닌 *하타티*
("내가 · 죄를 · 지었습니다")라는 외마디이다. 어거스틴은 "많은 사
람들이 다윗과 함께 타락할 의욕은 있으나 다윗과 함께 일어서려
는 의욕은 없다"라고 말한 바 있다(335). 우리는 인류의 조상 아담
과 하와가 범죄한 직후 여호와께서 친히 그들을 찾아오셨는데도
죄를 고백하지 않고 오히려 자신들의 죄책을 남에게 전가하는 모

습을 안타깝게 여긴다. 그들은 왜 회개를 하지 않았는가? 박윤선 (창세기 198)은 "행위계약의 제도 하에서는 회개함으로 회복되는 법이 없다. 회개는 은혜계약에만 속한다"고 옳게 말하였다. 따라서 나단의 책망을 들은 다윗이 회개하자 나단은 즉시 "여호와께서도 당신의 죄를 사하셨나니 당신이 죽지 아니하리이다"(13절하)라고 응답한 것이다. 그러나 "칼이 네 집에서 영원토록 떠나지 아니하리라"(10절)는 말씀과 "이 일로 말미암아 여호와의 원수가 크게 비방할 거리를 얻게 하였으니"(14절)라는 말씀에 의하여 다윗의 가정에 환난이 끊이지 않게 되었다.

아기가 이레 만에 죽음(삼하 12:18)

암논이 다말을 욕보인 사건(삼하 13:1 이하)

압살롬의 복수(삼하 13:23 이하)

아들 압살롬의 반역(삼하 15:10-12)

다윗의 도피(삼하 15:14)

압살롬이 요압에게 살해됨(삼하 18:1-15)

다윗의 애도(삼하 18:33)

다윗의 말년에 아들 아도니야의 반역(왕상 1:5 이하).

유다 왕국에서 왕자가 반역을 일으킨 사건은 참으로 수치스럽기 그지없다. 놀랍게도 성군으로 불리는 다윗 왕의 아들 중의 하나인 압살롬이 바로 그 반역의 주인공이었다고 한다. 그러면 과연 이 사건이 밧세바 사건과는 관련이 있는 것인가? 역사학자들은 대체로 다윗의 통치의 심각한 결점들이 그를 대항하는 반란을 야기하였다고 본다. 와인그린(263-266)은 아래와 같이 이에 대한 학자들의 견해를 소개한다. 다윗이 그의 백성들을 통치하는 데에 관심이 약화된 결과로 형용하기 어려운 대규모의 불만 표출이 발생하였다는 것(존 브라이트), 다윗의 무관심과 게으름이 백성들의 인심을 잃게 하였다는 것(플레밍 제임스), 그의 국가 정책이 백성들의 호의를 사는 데에 실패하였다는 것(로버트 H. 파이퍼) 그리고 다윗은 이미 연로하여 통치 초기처럼 면밀히 법집행 기능을 발휘할 수 없었다는 것(데오도르 H. 로빈슨) 등을 그 원인으로 제시한다. 그러나 이들과는 달리 와인그린은 랍비 문헌의 미드라쉬 탄후마(Midrash Tanḥuma Kî Tiśśa' 4)에서 그 답을 찾는다. 이 문헌에서 저자는 시편 3:2의 "많은 사람이 나를 대적하여 말하기를 그는 하나님께 구원을 받지 못한다 하나이다"라는 말씀에 관심을 둔다. 이 시편의 "다윗이 그의 아들 압살롬을 피할 때에 지은 시"라는 표제를 염두에 두며 그 문헌은 "그들은 다윗에게 말하기를 (어찌) 양을 납치하고 목자를 살해하고 그리고 이스라엘로 하여금 칼에 쓰러지게 한 그런 사람에게 구원이 있을 수 있겠는가?"라는 질문을 던진다.

따라서 와인그린은 다음과 같이 결론을 내린다. 이 말의 첫 부분은 분명히 다윗이 밧세바와 가진 불미한 관계와 그의 남편 우리아를 무정하게 처리한 것을 언급한다. 둘째 부분은 다윗의 군사 행동에 있어서의 잔인한 정책에 대한 모진 비판을 내포하고 있다.

이제 순례자 다윗의 심령이 소생되었으니 목자가 인도하는 길을 순리적으로 따라갈 수 있게 된 것이라고 하겠다. 매튜 헨리 (622-623)에 의하면, 굳이 변명을 한다면 단 한 가지, 그가 단 한 번만 저질렀다는 사실이다. 간음은 그의 습관적 범행이 아니었다. 그렇지만 하나님께서는 단 한 번 그를 떠나서 자기 마음대로 하도록 버려두셨다. 바로 이 사실 때문에 우리는 매일 "우리를 시험에 들지 말게 하옵소서"라고 기도하여야 할 필요가 있다는 그의 말은 일가견이 있다고 하겠다. 열왕기상 15:5에서 다윗의 허물에 대하여 이렇게 서술한다.

"이는 다윗이 헷 사람 우리아의 일 이외에는 평생에 여호와 보시기에 정직하게 행하고 자기에게 명령하신 모든 일을 어기지 아니하였음이라"

3절하 "자기 이름을 위하여 의의 길로 인도하시는도다"

본문은 여호와께서 순례자를 의의 길로 인도하시는 목적이 자기 이름을 위하여 그렇게 하신다고 진술한다. 그러면 여호와께서는 왜 이렇게 자신의 이름을 걸기까지 하시는가? 그 이유는 여호와와 순례자 간의 특별한 관계 때문이다.

> **출애굽기 19:5-6** " ⁵… 너희는 모든 민족 중에서 내 소유가 되겠고 ⁶너희가 내게 대하여 제사장 나라가 되며 거룩한 백성이 되리라 …"
>
> **이사야 63:19** "우리는 주의 다스림을 받지 못하는 자 같으며 주의 이름으로 일컬음을 받지 못하는 자 같이 되었나이다"
>
> **역대하 7:14상** "내 이름으로 일컫는 내 백성"
>
> **예레미야 14:9하** "주의 이름으로 일컬음을 받는 자"(15:16상 참조)
>
> **다니엘 9:19하** "주의 성과 주의 백성이 주의 이름으로 일컫는 바 됨이니이다"

예수님께서도 너희는 세상의 소금과 빛이라고 하시며 이렇게 당부하셨다.

마태복음 5:16 "이같이 너희 빛이 사람 앞에 비치게 하여 그들로 너희 착한 행실을 보고 하늘에 계신 너희 아버지께 영광을 돌리게 하라"

이 말씀은 곧 하나님의 자녀라는 특권을 누리는 우리의 일상생활의 언행이 하나님의 영광과 묶여 있다는 놀랍고 감격스러운 사실을 알려준다. 하나님은 우리 아버지시니 그분의 직계(直系)로서의 특권과 책임을 망각하여서는 안 될 것을 우리에게 깨우쳐 준다. 구약성경에서 하나님을 아버지로 부르는 성구들은 다음과 같다.

신명기 32:6 "어리석고 지혜 없는 백성아 여호와께 이같이 보답하느냐 그는 네 아버지시요 너를 지으신 이가 아니시냐 그가 너를 만드시고 너를 세우셨도다"

이사야 63:16 "주는 우리 아버지시라 아브라함은 우리를 모르고 이스라엘은 우리를 인정하지 아니할지라도 여호와여, 주는 우리의 아버지시라 옛날부터 주의 이름을 우리의 구속자라 하셨거늘"

—역시 시편 89:26; 이사야 64:8; 예레미야 3:4,19; 말라기 2:10 참조.

다윗은 분문에서 "이름"을 어떤 의미로 사용하였는가? 헹스텐베르크(406)에 의하면, "이름을 위하여"는 역사적으로 드러난 영광을 위하여와 동일하다. 따라서 하나님의 이름은 항상 신성이 점진적으로 계시된 성과로서 또한 하나님의 역사하심의 총체로서 사용되었다고 그는 풀이한다(수 9:9; 왕상 8:42,42; 사 63:12 참조). 그리고 바이저(229)는 시인이 깨달은 것은 삶에 있어서 문제가 되는 것은 인간의 의지가 아닌 하나님의 뜻이 이루어져야 한다는 점과, 그리하여 하나님의 이름, 영광 그리고 지혜가 높임을 받아야 한다는 점이라는 것이다. 이것이 또한 그 자신의 삶의 의미이었고 앞으로도 변함없이 그러할 것이라고 그는 말한다. 미가 4:5에 "여호와의 이름을 의지하여 행한다"는 표현이 있다.

"만민이 각각 자기의 신의 이름을 의지하여 행하되 오직 우리는 우리 하나님 여호와의 이름을 의지하여 영원히 행하리로다"

본문의 "의지하여"는 원문의 전치사 베를 번역한 것이다. 이 전치사는 속성을 나타내므로 하반절은 "하나님 여호와" 곧 성경에 계시된 그의 거룩하심, 진실하심 등 전체를 가리킨다(출 6:4. 모티어의 논문 "하나님의 성호의 계시" 참조).

"의의 길"은 올바른 길 그리고 그분의 이름을 위하여 옳은 목적으로 이끄는 길이다(텔리취). 그리고 순례자의 삶은 목자에 의하여 "의의 길"로 인도를 받는데, 그 길은 그분이 보시기에 옳고 그분이 하시는 일은 그분의 "이름"에 적합한 바 곧 그분의 계시된 성품과 전적으로 조화를 이룬다(매카오와 모티어 465-466).

다윗이 지혜롭게 처신한 일, 그가 명성을 얻은 일, 사울 왕을 용서한 일, 요나단에 대한 의리를 지켜 므비보셋을 선대한 일, 이방의 왕 아기스에게 인정을 받은 일, 자기에게 가져온 언약궤를 돌려보낸 일 그리고 신하들에게 존경을 받은 일 등은 모두 하나님의 이름에 영광을 돌린 일들이었다(본서의 **다윗과 관련된 성구 색인**을 참조하라).

4절 "내가 사망의 음침한 골짜기로 다닐지라도
　　해를 두려워하지 않을 것"

비기(305-306)는 예루살렘에서 사해로 연결되는 여리고 길 남쪽 산맥 사이의 좁은 골짜기가 바로 "사망의 음침한 골짜기"라고 주장한다. 매년 풀 뜯는 시기에 목자들은 양들로 이곳을 반드시 통과하게 한다. 길이가 7km, 양쪽 협곡의 높이가 450m 이상 그리고 바닥은 너비가 3-4m 정도이다. 바닥이 많은 비 때문에 심하게 침식되어 2-2.5m 깊이의 도랑이 있다고 한다.

이렇게 반드시 통과하여야 하는 계곡인데 거기 그늘진 곳에는 맹수들이 도사리고 있기 마련이다. 순례자의 여정에서도 사선(死線)을 통과하여야 할 때가 있다.

> **시편 116:3-4,10** "³사망의 줄이 나를 두르고 스올의 고통이 내게 이르므로 내가 환난과 슬픔을 만났을 때에 ⁴내가 여호와의 이름으로 기도하기를 여호와여 주께 구하오니 내 영혼을 건지소서 하였도다 ¹⁰내가 크게 고통을 당하였다고 말할 때에도 나는 믿었도다"

4절에서 보여주는 이 소망은 시인의 경험에 근거하고 있고 또한 그가 고난 가운데에서 자랑할 수 있으면서 더 확고하게 자리를 잡게 되었다. 그가 하나님과 친밀한 관계를 갖게 된 축복은 특히 지금 그가 고뇌와 위험을 당하였을 때를 생각하면서 더욱 분명하여진 것이다. 이 시점에서 시인은 기도하는 어조로 바뀌는데, 마치 그가 견뎌야 하였던 시련들을 기억하며 더욱더 열렬히 하나님께 매어 달리듯 하나님께 "주님께서"("thou")라는 말로 아뢴다. 하나님께서는 다윗의 힘든 순례의 여정에서 그의 인도자이셨고, 그의 피난처이셨고 위로자이셨다. 따라서 결과적으로는 고통스러운 그 회고까지도 하나님과 나눈 친밀한 교제 덕분에 감사한 느낌으로 승화되었고, 그것은 어떠한 일이 앞에 놓여있을지라도 두려움이 없이 확고한 희망을 갖고 미래를 대하게 하였다(바이저 229-230).

다윗은 연단을 충실하게 감당하여 하나님께서 쓰시기에 합당한 사역자로 성장하였다.

> **시편 78:70-72** "[70]또 그의 종 다윗을 택하시되 양의 우리에서 취하시며 [71]젖양을 지키는 중에서 그를 이끌어 내사 그의 백성인 야곱, 그의 소유인 이스라엘을 기르게 하셨더니 [72]이에 그가 그들을 자기 마음의 완전함으로 기르고 손의 능숙함으로 그들을 지도하였도다"

71절에서는 "젖양을 지키는 중에서"라는 어구를 동사 앞에 두어 하나님께서 다윗을 특별히 택하셨음을 드러냈다. 그리고 72절 "마음의 완전함"은 "단순함"(벌겟역), "순진함"(칠십인역) 그리고 "순수한 동기"(NETB) 등으로 번역되었다. 다윗은 또한 인정을 받은 충신이었다.

사무엘상 18:5 "다윗은 사울이 보내는 곳마다 가서 지혜롭게 행하매 사울이 그를 군대의 장으로 삼았더니 온 백성이 합당히 여겼고 사울의 신하들도 합당히 여겼더라"

사무엘상 18:30 "블레셋 사람들의 방백들이 싸우러 나오면 그들이 나올 때마다 다윗이 사울의 모든 신하보다 더 지혜롭게 행하매 이에 그의 이름이 심히 귀하게 되니라"

사무엘상 22:14 "아히멜렉이 왕에게 대답하여 이르되 왕의 모든 신하 중에 다윗 같이 충실한 자가 누구인지요 그는 왕의 사위도 되고 왕의 호위대장도 되고 왕실에서 존귀한 자가 아니니이까"

모세 역시 적은 일에 충성한 인물이었다. 여호와께서 모세를 부르실 때의 그의 모습을 출애굽기 3:1은 이렇게 묘사한다.

"모세가 그의 장인 미디안 제사장 이드로의 양떼를 치더니 그 떼를 광야 서쪽으로 인도하여 하나님의 산 호렙에 이르매"

본문의 원문은 동사 문장(우모쉐 하야 로에 쫀)인데 이접형(離接形) 전치사(와우)와 주어인 "모세"가 동사 "있다"(하야)와 동사 "목양하다"(râ'â)의 분사형 앞에 놓여 강세를 이루고 있다. 이는 모세가 여호와의 사자가 나타나는 그날뿐 아니라 항상 목양에 충실하여 오던 터임이 돋보인다. 따라서 이 접속사 *와우*를 "하루는", "어느 날"(모팟역, TEV)로 혹은 "그런데 모세로 말하자면"(카쑤토 30)으로 번역하기도 한다. 앨런 콜(62)에 의하면, 본문의 히브리어가 암시하는 바는 양떼를 치는 것이 모세가 평소에 하던 업무라는 것이다. 어릴 때부터 궁중생활에 익숙한 모세는 애굽의 바로 왕의 낮을 피하여 미디안 땅에서 도피생활을 하던 중이었으나 자신에게 주어진 새로운 환경에서의 목양생활을 충실히 하던 중에 여호와의 부르심을 받게 되었다.

다윗은 시인의 천재성과 음악에 재능을 타고났다. 그는 이미 그의 재능을 베들레헴 언덕에서 아버지의 양떼를 치면서 예습하였다. 그가 거문고를 타는 일에 있어서는 하찮은 숙달공이 아니라는 사실은 그가 사울이 들린 악령을 떠나게 하려고 보냄을 받은 것에 의하여 확실히 드러났다. 이 일이 가능하였던 것은 그가 자신의 자연적 은사에 성심을 다한 노력을 더하였기 때문일 것이다. 왜냐하면 다윗이 사무엘과 그의 선지자의 무리 곧 다윗 자신처럼 시인이며 음악가들인 그들과 친밀한 사이었기 때문이다. 그가 그렇게 터득한 예술 그리고 그가 그렇게도 성심을 다하여 노력한 예술이 그가 사는 동안 그의 위안이 되었다. 그의 거문고는 사울과 압살롬으로부터 도피하는 기간에 그의 친구이었다. 그의 거문고 소리는 엔게디 굴에서, 마하나임의 광활한 평지에서 그리고 이스라엘의 왕좌에서 울려 퍼졌던 것이다(페론 4).

시편 23편이 시편서의 '다이아몬드'(스펄전, 모빙켈)와 진주'(스펄전, 필립 켈러)로 불리는 이유는 무엇인가? 이 보물은 공기 중에서 산화(酸化)하지 않고, 화학 변화를 거의 일으키지 않으며, 항상 아름다운 광택을 지니기 때문에 귀한 것인데 이렇게 보물이 되기까지에는 혹독한 과정을 통과하였기에 그러하다. 다이몬드는 가장 강한 물질이기도 하다. 그러나 가공되지 않은 그 자체는 어떤 사람이 자질은 있으나 세련되지 않아 품위가 결여된 것에 비유되기도 한다. 곤충학자들에 의하면, 나비는 바늘구멍만한 고치의 구멍을 뚫고 빠져나오기 위하여서 꼬박 한나절을 애써야 한다. 그렇게 오랜 고통과 시련의 틈새를 뚫고 나와야만 번데기는 아름다운 나비가 되는데 만일 인위적으로 고치의 구멍을 넓게 뚫어주면 나비는 아름다운 색깔을 상실할 뿐만 아니라 멀리 날지 못하고 죽게 된다고 한다.

하나님은 순례자들을 이 세상에 보내실 때에 그들을 연단하시어 영적으로나 육적으로 강건한 사역자들로 만드신다. 따라서 말라기 3:3에서는 하나님을 가리켜 은을 깨끗하게 하시는 정련자(精鍊者)로 묘사하였다.

"그가 은을 연단하여 깨끗하게 하는 자 같이 앉아서 레위 자손

을 깨끗하게 하되 금, 은 같이 그들을 연단하리니 그들이 공의
로운 제물을 나 여호와께 바칠 것이라"

은을 연단하는 과정은 모든 면에서 금을 정련하는 것보다 더
정교하고 신경이 많이 쓰이는 작업이다. 은 산화물이 용해될 때에
그것은 현저하게 '쉿' 하는 소리와 거품을 내면서 그 자체 산소의
부피의 약 20배를 발산한다. 이러한 현상을 "내뿜기"라고 한다.
그러나 아직 작업이 끝난 것이 아니다. 용해된 은이 탄소 처리가
안 되면(고대인들은 목탄을 사용하였다) 그 은은 다시 공기 중의 산
소를 흡수하고 그 광택과 순도를 잃게 된다. 정련자는 은이 언제
깨끗이 되어 나올지를 어떻게 아는가? 모든 찌꺼기가 제거되었다
는 것을 그가 아는 극적인 순간이 있다. 그것을 주시하며 내려다
보고 있을 때에, 그 은은 갑자기 정련자의 모습이 비치는 액체의
거울이 된다. 그때에 그는 정련 작업이 끝났다는 것을 알게 되는
것이다(로빈슨 106). 연단을 통과한 순례자들은 이렇게 고백한다.

욥기 3:26 "나에게는 평온도 없고 안일도 없고 휴식도 없고 다만
불안만이 있구나"("고난만 임하였구나" - 개역성경)
욥기 23:10 "그러나 내가 가는 길을 그가 아시나니 그가 나를 단
련하신 후에는 내가 순금같이 되어 나오리라"

욥기 42:5 "내가 주께 대하여 귀로 듣기만 하였사오나 이제는 눈으로 주를 뵈옵나이다."

시편 119:67 "고난당하기 전에는 그릇 행하였더니 이제는 주의 말씀을 지키나이다"

시편 119:71 "고난당한 것이 내게 유익이라 이로 말미암아 내가 주의 율례들을 배우게 되었나이다"

"주께서 나와 함께 하심이라"

이 고백(*키-아타 임마디*)은 두 가지 면에서 의미심장하다. 첫째로, 순례자는 지금까지 여호와를 3인칭 "그"("he")로 불러왔다. 그러나 그가 사망의 음침한 골짜기를 통과하며 연단을 받은 이 단계에서는 여호와를 대면하여 2인칭인 "주님"("you")으로 직접 부를 수 있게 되었다는 것이다. 시제에 있어서도 이제 순례자가 동사가 없는 명사문인 "주님 나와 함께"("you with me")로 주님께 이르게 된 것이다. 둘째로, 원문에 세 단어로 된 이 고백이 놓인 위치가 시편 23편의 중앙에 자리를 잡고 있다는 사실이다. 바자크(Bazak)가 지적한 바와 같이 히브리어로 이 고백이 위로 26글자, 그리고 아래로 26글자의 중앙에 놓여있다. 26이라는 숫자는 *여호와*(יהוה)라는 히브리어의 네 자음들을 합산한 것(5+6+5+10, gemartia)이다

(매카디 86 n.25 참조).

시편 23:1-3은 시인 앞에 계시는 하나님을 묘사한다. 시편의 중간인 4절은 시인과 함께 하시는 하나님을 설명한다. 마지막 5-6절은 하나님의 선하심과 인자하심이 시인을 따를 것을 기원한다. 처음과 중간 그리고 마지막이라는 이 구조는 시인이 성전으로 가는 여정에서 하나님의 임재가 어떻게 시인의 앞에서 가고, 그와 함께 하고, 또 뒤에서 따라가는지를 제시한다. 이런 형식을 인식할 때 4절이 이 시편의 전환점임을 돋보이게 한다. 4절은 앞 절들에서처럼 하나님에 관하여 언급하기보다는 하나님께 직접 말씀을 드림에 의하여 하나님의 이 임재를 의식하도록 특별히 돕는다(마크 스미스 1988:62-63).

4절상의 남성 2인칭 단수 대명사+술어라는 독특한 형식인 "주님이 나와 함께"(*아타 임마디*)라는 표현은 본문과 사무엘상 24:15에 다윗에 의하여서만 사용되었다(만델케른 참조). 다윗이 도피 시절에 제사장 아비아달에게 한 말이 이와 유사하다.

사무엘상 22:23 "두려워하지 말고 내게 있으라 내 생명을 찾는 자가 네 생명도 찾는 자니 네가 나와 함께 있으면 안전하리라 하니라"

칼빈(I:395)에 의하면 다윗이 내가 화를 두려워하지 않는다고 말을 한 것은 다윗이 두려움에 괴로워하였다는 것을 보여준다. 그런 일이 없었다면 그가 무엇 때문에 하나님의 임재를 간절히 원하였겠는가, 라고 칼빈은 질문한다.

구약에는 남성 1인칭 단수 대명사+술어로 된 "내가 너와 함께"(아니 이트테카)와 "내가 너희와 함께"(아니 이트테켐)라는 형식이 등장한다. 이 경우들에서는 하나님께서 하시는 말씀이다. "내가 너희와 함께"는 주로 인간에게 사용되며 장소나 기관에는 사용하지 않는다. 그리고 지혜서, 애가, 에스더서, 에스겔서에도 나타나지 않고, 시편과 아가서에 극소수만 나타날 뿐이며, 또한 이 표현은 족장사와 역사서의 이야기체에 나타난다. 이것은 애굽의 종교나 메소포타미아, 수리아 그리고 가나안 등 이스라엘의 주변에 산재한 민족들의 문헌들에서는 거의 찾아볼 수 없는 독특한 구약성경의 표현이다(프로이쓰 139-173). 파인버그(241-242)에 의하면 그것은 도움, 보호 그리고 복을 주시기 위하여 여호와의 임재를 그들에게 보장한다는 것이다. 그것은 모든 축복 중의 최고의 축복이다. 거기에 다른 모든 축복이 포함되어 있기 때문이다. 이것이야말로 미래의 성공을 완전히 보증하는 확약이라고 그는 강조한다.

"내가 너와 함께 하리라"(에흐예 임메카 등)

이삭: **창세기 26:3,24** " ³이 땅에 거류하면 내가 너와 함께 있어 네게 복을 주고 이 모든 땅을 너와 네 자손에게 주리라 … ²⁴… 두려워하지 말라 내 종 아브라함을 위하여 내가 너와 함께 있어 네게 복을 주어 네 자손이 번성하게 하리라 …"

야곱: **창세기 28:15** "내가 너와 함께 있어 네가 어디로 가든지 너를 지키며 너를 이끌어 이 땅으로 돌아오게 할지라 내가 네게 허락한 것을 다 이루기까지 너를 떠나지 아니하리라 하신지라 …"

31:3 "… 네 조상의 땅 네 족속에게로 돌아가라 내가 너와 함께 있으리라 하신지라"

모세: **출애굽기 3:12** "… 내가 반드시 너와 함께 있으리라 네가 그 백성을 애굽에서 인도하여 낸 후에 너희가 이 산에서 하나님을 섬기리니 이것이 내가 너를 보낸 증거니라"

여호수아: **신명기 31:23** "… 너는 이스라엘 자손들을 인도하여 내가 그들에게 맹세한 땅으로 들어가게 하리니 강하고 담대하라 내가 너와 함께 하리라 하시니라"

다윗: **사무엘하 7:9** "네가 가는 모든 곳에서 내가 너와 함께 있어 네 모든 원수를 네 앞에서 멸하였은즉 땅에서 위대한

자들의 이름 같이 네 이름을 위대하게 만들어 주리라"

"내가 너(이스라엘)와 함께 하리라"

이사야 43:5 "두려워하지 말라 내가 너와 함께하여 네 자손을 동쪽에서부터 오게 하며 서쪽에서부터 너를 모을 것이며"

"내가 너희와 함께 있으리라"

학개 1:13 "그 때에 여호와의 사자 학개가 여호와의 위임을 받아 백성에게 말하여 이르되 여호와가 말하노니 내가 너희와 함께 하노라 하니라"

학개 2:4 "… 스룹바벨아 스스로 굳세게 할지어다 여호사닥의 아들 대제사장 여호수아야 스스로 굳세게 할지어다 여호와의 말이니라 이 땅 모든 백성아 스스로 굳세게 하여 말할지어다 내가 너희와 함께 하노라 만군의 여호와의 말이니라"

마태복음 28:20 "내가 너희에게 분부한 모든 것을 가르쳐 지키게 하라 볼지어다 내가 세상 끝날까지 너희와 항상 함께 있으리라 하시니라"

"하나님께서 우리와 함께 계시리라"

이사야 7:14 "그러므로 주께서 친히 징조를 너희에게 주실 것이라 보라 처녀가 잉태하여 아들을 낳을 것이요 그의 이름을 임마누엘이라 하리라"

(임마누 엘도 동사가 없는 명사문장인데 평범한 문장으로는 엘 임마누인데 강세형으로 만들기 위하여 술어를 주어 앞으로 도치시켜 임마누 엘이 된 것이다.)

"여호와께서 그와 함께 계시리라"

사무엘상 18:12,14 "¹²여호와께서 사울을 떠나 다윗과 함께 계시므로 사울이 그를 두려워한지라 ¹⁴다윗이 그의 모든 일을 지혜롭게 행하니라 여호와께서 그와 함께 계시니라"

"여호와께서 다윗과 함께 계심"

사무엘상 18:28 "여호와께서 다윗과 함께 계심을 사울이 보고 알았고 사울의 딸 미갈도 그를 사랑하므로"

"만군의 하나님 여호와께서 그와 함께 계시니라"

사무엘하 5:10 "만군의 하나님 여호와께서 (그와) 함께 계시니 다윗이 점점 강성하여 가니라"

4절하 "주의 지팡이와 막대기가 나를 안위하시나이다"

목동들은 아버지의 양떼를 처음 돌보기 시작할 때부터 자기 체격과 힘에 꼭 맞는 지팡이와 막대기를 고르는 일에 특별한 긍지를 느낀다고 한다. 그들은 그렇게 만들어진 막대기를 가지고 많은 시간을 들여 놀라운 속도로 정확하게 던져서 목표물에 맞추는 연습을 한다. 이 막대기는 자기와 양떼를 지키는 무기가 된다(필립 켈러 126). 지팡이는 목자가 밤에 잠시 기대기도 하지만 한쪽 눈과 귀는 항상 열어놓아 경계심을 늦추지 않는다고 한다. 필립 켈러 (135)가 전하는 바에 의하면, 갓 태어난 새끼가 따로 떨어져 있을 경우 지팡이를 사용하여 가만히 걸어 올려 어미 곁으로 옮겨 놓는다. 목자는 자기 손의 냄새가 묻어 어미 양이 새끼를 거부하게 되는 것을 원하지 않기 때문에 이같이 지팡이를 사용한다는 것이다. 그리고 목자는 양들의 수를 셀 때에도 지팡이를 사용한다(레

27:32; 겔 20:37).

4절하의 원문에서는 "주의 지팡이와 막대기"에 "그것들"이라는 대명사를 추가하므로 "주의 지팡이와 막대기 그것들이 나를 안위하시나이다"라고 하여 양들에게 있어서 목자의 지팡이와 막대기의 다양한 용도가 얼마나 중요한가를 보여준다. 그것들이 어떻게 순례자를 안위하는지에 대하여 조엘 비키(372)는 아래와 같이 설명한다. 1) 방어의 안위, 2) 훈련의 안위, 3) 점검의 안위, 4) 인도의 안위, 5) 친밀의 안위.

지팡이(*쉐베뜨*, shēbet)는 "버티다", "지탱하다"라는 의미가 들어 있다(레 27:32; 삿 5:14; 미 7:14 참조). 이 단어는 보호에 의하여 안위를 받는다는 뜻이 있다. 이것은 맹수들과 도적들로부터 양떼를 지키는 가장 중요한 무기이다. 다윗에게 있어서는 지팡이가 신적 인도하심과 돌보심의 상징이 된 것이다. 그리고 막대기(*미슈예나*)의 어근은 동사 "기대다", "의지하다", "신뢰하다"(*샤안*)에서 비롯되었다(출 19:21; 삿 6:21; 왕하 18:21; 사 3:1 "의지하다"[4회]; 사 36:6 "의지하다" 참조).

본문의 "지팡이"(*쉐베뜨*)와 "막대기"(*미슈예나*) 이외에도 개역개정판이 "지팡이"와 "막대기"로 번역한 히브리어 세 단어인 *마켈*(maqqēl), *마떼*(maṭṭēh), *쉐베뜨*(shēbet)는 사실 어근에서만 서로 다를 뿐 거의 동의어로 취급되며 평행법적으로 사용되기도 한다.

따라서 우리말 성경뿐 아니라 서구의 성경들도 이 다섯 단어들을 정확하게 구분하여 번역하기가 거의 불가능하다.

마켈("지팡이" - 창 32:10; 출 12:11; 민 22:27; 삼상 17:40["막대기"]; 렘 48:17["막대기"]; 호 4:12["막대기"]; 슥 11:7,10,14["막대기"]).

마떼("지팡이" - 창 38:18,25; 삼상 14:27,43; 사 9:4["막대기"] 등).

평행법: 마켈//마떼 예레미야 48:17 "강한 막대기 … 아름다운 지팡이"(BDB 596).

쉐베뜨//마떼 이사야 14:5 "악인의 몽둥이 … 통치자의 규": 에스겔 19:14 "강한 가지 … 권세 잡은 자의 규"(원문의 순서).

야곱이 고백한 "내가 내 지팡이만 가지고 이 요단을 건넜더니 지금은 두 떼나 이루었나이다"(창 32:10)에서의 "지팡이"(마켈)는 도보 여행자나 방랑자의 것으로 캔스데일(385-88)은 이해한다. 모세가 손에 들고 이적을 행한 "하나님의 지팡이"(출 4:20)는 마떼 이다. 그리고 다윗이 골리앗을 무찌를 때에 손에 든 "막대기"(삼상 17:40)는 마켈이다(ISBE [1988], TDOT, TWOT, ZPEB 등 참조).

5절상 "주께서 내 원수의 목전에서
내게 상을 차려 주시고"

"차려 주시고"라는 미완료형(타아로크)을 칼빈(I:396)은 계속되는 행동을 가리키는 것으로 이해한다. 순례자는 이 세상의 삶에서 필요한 모든 것을 공급받을 것이다. 비록 그의 행복함을 부러워하는 사악한 자들이 많고 또한 그의 패망을 바라고 참으로 하나님의 축복을 그가 받지 못하도록 애쓰지만, 그럼에도 하나님은 그에게 자신의 너그러우심을 보여주는 것을 그만두지 않으신다. 그분은 그의 모든 백성들에게 친절하고 너그러우신 아버지이시다. 페론은 서문에서, "원수의 목전"에서 펼쳐지는 이 일의 배경에 대하여 이렇게 말한다. 그것은 사무엘하 17:28-29에 기록된 대로 다윗과 그와 함께한 백성이 광야에서 굶주리고 피곤하고 목마를 때에 바르실래와 함께 한 이들이 그들에게 가져온 "[28]침상과 대야와 질그릇과 밀과 보리와 밀가루와 볶은 곡식과 콩과 팥과 볶은 녹두와 [29] 꿀과 버터와 양과 치즈"의 풍성한 공급품에 의하여 이루어진 것이라고 말한다.

그러면 다윗이 말하는 원수는 누구인가? 순례의 시편에서 다윗이 말한 "원수"라는 표현에 대하여 특히 이 시편의 성격상 구체적으로 설명하려고 할 필요도 없고 또한 그렇게 하는 것도 불가능하다. 원수의 정체를 구체적으로 규명하는 것은 어려운 일이며 이 문제는 이 시편의 형식, 삶의 정황과 연관된다고 김정우(I:543)는 이해한다. 시편에 나타난 원수에 관하여 구체적으로 다룬 논문들은 많지 않다. 일본 구약학자 세끼네 마사오(281-289)는 "시편에서의 적의 문제"라는 논문에서 다음과 같이 서술하였다. 시편에 종종 시편 시인을 괴롭히는 악인이 등장한다. 이때 왕의 시편에 나타나는 적이나 시편 시인을 "우리"라는 복수로 표현할 경우에는, 그들을 대항하는 악인이나 적이 누구인지는 대체로 상상이 간다. 이 경우에는 전쟁 시에 거론되는 보통의 적이나 또는 시편 시인 집단을 향하여 대항하고 있는 이방 민족이 상정되는 경우가 많다. 이에 반하여 많은 시편에서 대단히 많은 경우에 시인 개인이 소개되면 그의 적으로서 악인이나 불법을 행하는 자가 등장하게 되는데, 도대체 이 적은 구체적으로 누구를 지칭하는가? 이에 대하여서는 매우 다른 견해가 대립하고 있어서 아직까지 정설이라고 할 만한 견해는 없다. 물론 이 문제에 대하여 모든 경우에서 같은 배경이라고 생각하는 것 자체가 엄밀히 말하자면 무리다. 그러나 이 적의 모습이 꽤 일정하게 묘사되어 나타나기 때문에 예외는 있다고 하더라도 전체적으로는 같은 배경에서 보는 것이 자연스럽다는 것이다.

그에 의하면 우리는 시편에서 1인칭 단수의 시인이 등장하는 경우에 시인을 당연히 개인으로 생각하는 입장을 취한다. 이것이 오늘날에서는 통설이 되기는 하였으나, 시편 연구의 역사에 있어서는 이것은 오랫동안 결코 자명한 것은 아니었다. 오히려 시편 시인의 "우리"는 집단이며, 따라서 그것에 대하여 등장하는 적을 가리켜 이스라엘에 대항하는 이국인으로 보는 관점이 학문적 입장이며, 시편에서의 적의 문제를 최초로 다룬 견해이었다(De Wette). 물론 이에 대하여 시편의 적은 시인의 친구이었던 자가 적이 되었다고 분명히 말하는 시편이 있기에 즉시 반론에 직면하여 이 적은 이교도가 아니라 이스라엘 내부의 사람이라는 관점이 점차 강해졌다고 그는 말한다. 세끼네에 의하면, 시편의 "가난한 자, 낮은 자"라는 표현은 사회적·종교적으로 억압을 당하면서도 이스라엘의 정통을 계승한 자들이라고 한다. 그런데 페르시아와 그리스 시대에 점차 선조 대대로 물려받은 신앙에서 이탈하여 이교의 영향을 다소 받은 상층 계급이나 그 배후에 있는 외국인에게 괴롭힘을 당하고 있는 상황이 시편의 "적"의 문제와 관련된 배경으로 상정되어야 한다고 주장한 점은 유감스럽다.

성경은 이미 모세를 통하여 원수를 어떻게 대할 것인가를 가르쳐 주신 바가 있다.

출애굽기 23:4-5 "⁴네가 만일 네 원수의 길 잃은 소나 나귀를 보거든 반드시 그 사람에게로 돌릴지며 ⁵네가 만일 너를 미워하는 자의 나귀가 짐을 싣고 엎드러짐을 보거든 그것을 버려두지 말고 그것을 도와 그 짐을 부릴지니라"

레위기 19:18 "원수를 갚지 말며 동포를 원망하지 말며 네 이웃 사랑하기를 네 자신과 같이 사랑하라 나는 여호와이니라"

다윗 자신도 그들을 어떻게 대하여주었는지를 고백한 바가 있다.

시편 35:11-14 "¹¹불의한 증인들이 일어나서 내가 알지 못하는 일로 내게 질문하며 ¹²내게 선을 악으로 갚아 나의 영혼을 괴롭게 하나 ¹³나는 그들이 병들었을 때에 굵은 옷을 입으며 금식하여 내 영혼을 괴롭게 하였더니 내 기도가 내 품으로 돌아왔도다 ¹⁴내가 나의 친구와 형제에게 행함 같이 그들에게 행하였으며 내가 몸을 굽히고 슬퍼하기를 어머니를 곡함 같이 하였도다"

이 문제는 시편에 나타난 소위 저주시라고 불리는 시편들과 연관을 지어 생각하는 것이 도움이 될 것이다. 학자들 간의 이견이 있으나 대체로 시편 7; 35; 58; 59; 68; 83; 109; 137; 139 등이 거론된다. 마틴(134-143)은 저자의 이러한 발언들에 대하여 아래와 같이 설명한다.

1) 하나님의 의가 입증되기를 바라는 구약 성도의 열망
2) 하나님과 하나님의 왕국을 위한 열심의 분출
3) 구약 성도의 죄에 대한 증오감
4) 죄 그리고 회개하지 않고 계속 죄를 짓는 죄인들에 대하여
   하나님이 가지시는 태도에 관한 예언적 교훈들이다.

바르톤 페인(939)은 성경에 나타나는 유사한 예(렘 15:15; 17:18; 18:21-23; 20:12; 갈 5:12; 딤후 4:14; 계 6:10)들을 열거한 후에 이 표현을 아래와 같이 설명한다.

1) 이 시인이 죄를 미워함(나 3:19; 시 50:21; 101:8; 139:21),
2) 복수를 하나님의 손에 의탁함(시 104:34,35; 58:11),
3) 개인의 보복을 초월한 긍정적 목적 곧 하나님과 그의 공의
   의 입증을 기원하는 인간의 열심(시 92:11,15; 참조 54:7),
4) 죄에 대한 하나님의 태도의 예언(시 125:5; 55:2,3; 145:20).

사무엘하 23:1-2는 다윗이 예언의 발언을 한 사실에 대하여 이렇게 말한다.

"[1]… 이새의 아들 다윗이 말함이여 높이 세워진 자, 야곱의 하나

님께로 부터 기름 부음 받은 자, 이스라엘의 노래 잘 하는 자가 말하노라 ²여호와의 영이 나를 통하여 말씀하심이여 그의 말씀이 내 혀에 있도다"

여기에서 "말한다"(네움)라는 표현은 "신탁"("the oracle" -NIV, JB, NRSV, NETB), "탁선"(託宣 -日語口語譯) 그리고 "측언"(詔言 -日語文語譯) 즉 선지자 다윗을 통하여 주신 예언의 말씀을 뜻한다. 어거스틴, 칼빈, 스펄전 등이 이 시편들을 예언적으로 해석하는 입장을 취하였다. G. A. 앤더슨(272, 279)은 이 시편들을 그 기도를 드린 사람과 동떨어지게 이해하여서는 안 된다고 주장한다. 그것은 단순히 무엇이라고 말을 하였는가라는 문제가 아니라, 누가 말을 하였으며 언제 말을 하였는가의 문제이다. 그 시편들은 다윗의 생애와 관련이 없다면 무의미하다고 그는 역설한다. 레이니(42)는 이 시편들을 기록한 윤리적·계시적 목적을 아래와 같이 제시한다.

> 1) 이 저주 심판이 악을 행하는 자들에게 요청되는 것은 의인을 세우기 위함이다(시 7:8-9).
> 2) 이 저주 심판이 요청되는 것은 시인이 구출되었을 때에 하나님이 찬양을 받으시기 위함이다(시 7:17; 35:18,28; 58:10).

3) 악인에게 심판이 요청되는 것은 사람들이 의인이 보상 받는 것을 보고 세상을 심판하는 분은 하나님이시라는 것을 인정하고(시 58:11), 의인과 악인 모두가 하나님이 공의에 관심이 있으셔서 이 세상에서 심판을 단행하신다는 것을 알게 하기 위함이다.

4) 이 저주 심판이 요청되는 것은 모든 사람이 하나님은 주권자이심을 드러내려는 의도에서 그러하다. 다윗은 그의 원수들이 멸망함으로 세상 끝에 있는 사람들로 하여금 하나님이 야곱 안에서 통치하심을 알게 되기를 기도하였다(시 59:13).

5) 이 저주 시편들이 요청되는 것은 악인들이 의인들이 누리는 것과 동일한 축복들을 누리지 못하게 하기 위함이다.

6) 이 저주 시편들이 요청되는 것은 악인들이 여호와를 찾도록 하기 위함이다. 하나님이 자신의 원수들을 심판하고 겸비하게 하여 그들로 하여금 그의 이름을 부르고 그를 주권자 하나님으로 인정하도록 아삽은 기도한다(시 83:16-18).

다윗에게 있어서 으뜸이 되는 원수는 사울 왕이었다는 사실에 이의를 제기할 사람은 없을 것이다. 사울 왕은 자신의 사위일 뿐만 아니라 일등 구국 공신인 다윗을 살해하는 것이 그의 삶의 목적이었다고 해도 과언이 아닐 것이다. 그럼에도 불구하고 그러한

사울 왕을 다윗은 용서하고 또 용서하였다. 엔게디 굴에서 다윗은
"오늘 여호와께서 굴에서 왕을 내 손에 넘기신 것"(*나탄*의 완료형,
삼상 24:10)이라고 하였으나 원수를 갚지 않았다. 그리고 사울 왕
이 다윗을 살해하려고 진을 치고 있던 밤에 아비새가 다윗에게
"하나님이 오늘 당신의 원수를 당신의 손에 넘기셨나이다"(*씨게르*
의 완료형, 26:8)라고 말하였다. 이 두 구절의 동사들을 새미국표준
성경(NASB)이 전자에서는 "여호와께서 주셨다"("the LORD had
given")로 그리고 후자에서는 "하나님이 넘기셨다"("God has deliv-
ered")로 정확하게 옮겼다. "넘기다"(*씨게르*의 강세형)라는 동사는
다윗과 사울의 사건에서 잘 드러난 바와 같이 폐쇄된 사람에게는
트인 구멍이 없다는 뜻이다.

> **사무엘상 17:46** "오늘 여호와께서 너를 내 손에 넘기시리니 …
> 온 땅으로 이스라엘에 하나님이 계신 줄 알게 하겠고"
> **삼상 24:18** "네가 나 선대한 것을 오늘 나타냈나니 여호와께서
> 나를 네 손에 넘기셨으나 네가 나를 죽이지 아니하였도다"(삼하
> 18:28 참조)

상황이 이런데도 다윗은 그 상황에 좌우되지 않고 "내가 보복
하리라"(신 32:35)라고 하신 하나님의 말씀을 굳게 붙잡으며 이렇

게 찬양한다.

> **시편 58:10-11** "[10]의인이 악인의 보복 당함을 보고 기뻐함이여 그의 발을 악인의 피에 씻으리로다 [11]그 때에 사람의 말이 진실로 의인에게 갚음이 있고 진실로 땅에서 심판하시는 하나님이 계시다 하리로다"

그리하여 다윗은 이번에도 "그를 죽이지 말라"(알-타슈히테후, 삼상 26:9)라고 엄하게 명령하였다. "죽이지 말라"(알-타슈헤트)라는 바로 이때에 발설한 귀한 말이 시편 57; 58; 59의 표제의 "'알다스헷'에 맞춘 노래"가 된 것이다. 더욱이 사울 왕과 그의 아들 요나단의 죽음을 애도한 다윗 그리고 요나단을 잊지 못하여 그의 아들 곧 사울의 손자인 므비보셋을 선대하여(삼하 9:1,11) 자기 상에서 먹게 한 이 모든 일들은 다윗의 마음가짐이 어떠하였는지를 가늠하여 볼 수 있다. 시편 23:5에서는 여호와께서 원수의 목전에서 다윗을 위하여 상을 차려주셨는데 이번에는 다윗이 자신을 원수로 여겼던 인물의 후손을 위하여 상을 차려주었다니 참으로 악을 선으로 갚는 성군다운 본보기가 아닐 수 없다.

> **사무엘하 1:19,23,26** "[19]이스라엘아 네 영광이 산 위에서 죽임을

당하였도다 오호라 두 용사가 엎드러졌도다 ²³사울과 요나단이 생전에 사랑스럽고 아름다운 자이러니 죽은 후에도 서로 떠나지 아니하였도다 그들은 독수리보다 빠르고 사자보다 강하였도다 ²⁶내 형 요나단이여 내가 그대를 애통함은 그대는 내게 심히 아름다움이라 그대가 나를 사랑함이 기이하여 여인의 사랑보다 더하였도다"

5절하 "기름을 내 머리에 부으셨으니
내 잔이 넘치나이다"

시 23편에서 기름을 "부었다"만 완료형이고 그 이외에는 모두 미완료형으로 되어 있다. 5절에 유독 "붓는다"(디쉔의 피엘 작위적 [作爲的] 강세형)의 과거형이 사용된 것을 칠십인역(LXX)은 "주님이 내 머리에 기름을 흠뻑 부으셨습니다"로 해석하였다. "기름 붓는다"를 나타내는 동사는 마샤흐와 디쉔이 있으나 이 시편에서 후자를 사용한 것은 친절한 행위를 나타내는 것으로 이해된다 (NETB). 델리취(331)는 "차려 주시고"라는 미래형(타아로크)이 "부었다"라는 과거형으로 이어지는 것은 후자에 현재형의 중요한 뜻이 있기 때문으로 이해한다.

"내 잔이 넘치나이다"

비키(472-474)에 의하면, 시편 23편은 이 대목에서 절정에 이른다고 한다. 시편 기자는 이렇게 고백하는 그 이상을 더 높이 울라갈 수가 없었다. 그는 주님을 목자로 모시고 살아가는 자신의 상태가 얼마나 복된지를 말로 표현하고자 온갖 애를 다 썼지만, 결국 제대로 표현하여 낼 수 없다는 것을 깨닫게 된다. 그의 짧은 시는 훌륭한 논증의 절정에 도달할 수도 없었고, 그의 영혼은 감사하는 마음으로 충만하였음에도 불구하고 이루 헤아릴 수 없는 하나님의 은혜의 선물들을 다 깨달을 수도 없었다. 그래서 그는 자신에 대한 하나님의 차고 넘치는 긍휼하심에 대한 거룩한 경이감에서 "내 잔이 넘치나이다"라고 소리칠 수밖에 없었다는 것이다.

순례자는 희로애락으로 점철된 여정을 통과하는 동안 여호와께서 베풀어주신 한없는 은총을 반추하며 여호와는 과거, 현재 그리고 미래 그 어느 때에도 변함없이 나의 목자이시어서 나와 함께하시고 나의 잔을 넘치게 하여 주시는 분이라고 읊조린다. 시편 기자는 보답할 수 없으며 한이 없는 여호와의 은혜를 이렇게 찬양한다.

시편 100:1-5 "¹온 땅이여 여호와께 즐거운 찬송을 부를지어다 ²기쁨으로 여호와를 섬기며 노래하면서 그의 앞에 나아갈지어다 ³여호와가 우리 하나님이신 줄 너희는 알지어다 그는 우리를 지으신 이요 우리는 그의 것이니 그의 백성이요 그의 기르시는 양이로다 ⁴감사함으로 그의 문에 들어가며 찬송함으로 궁정에 들어가서 그에게 감사하며 그의 이름을 송축할지어다 ⁵여호와는 선하시니 그의 인자하심이 영원하고 그의 성실하심이 대대에 이르리로다"

시편 116:12-13 "¹²내게 주신 모든 은혜를 내가 여호와께 무엇으로 보답할까 ¹³내가 구원의 잔을 들고 여호와의 이름을 부르며 여호와의 모든 백성 앞에서 나는 나의 서원을 여호와께 갚으리로다"

바울의 고백이 이 감격에 못지 않았을 것이다.

로마서 8:35-39 "³⁵누가 우리를 그리스도의 사랑에서 끊으리오 환난이나 곤고나 박해나 기근이나 적신이나 위험이나 칼이랴 ³⁶기록된바 우리가 종일 주를 위하여 죽임을 당하게 되며 도살당할 양 같이 여김을 받았나이다 함과 같으니라 ³⁷그러나 이 모든 일에 우리를 사랑하시는 이로 말미암아 우리가 넉넉히 이기느니라 ³⁸내가 확신하노니 사망이나 생명이나 천사들이나 권세자들이나 현재 일이나 장래 일이나 능력이나 ³⁹높음이나 깊음이나

다른 어떤 피조물이라도 우리를 우리 주 그리스도 예수 안에 있

는 하나님의 사랑에서 끊을 수 없으리라"

존 머레이(331)에 의하면, 35절에 열거된 것들은 하나님의 성
도들이 지상의 순례의 여정에서 직면하는 역경들을 두드러지게 보
여준다. 이러한 용어들에 의하여 나타낸 역경들이 역설되면 될수
록 그리스도의 사랑이 변함없음은 더욱 명확하다고 그는 말한다.
새국제역(NIV)은 요한1서 3:1 "보라 아버지께서 어떠한 사랑을 우
리에게 베푸사 하나님의 자녀라 일컬음을 받게 하셨는가, 우리가
그러하도다 …"에서 "베풀다"라는 말을 비가 "억수같이 쏟아
짐"("lavish")을 의미하는 말로 번역하였다.[6]

6절상 "내 평생에 선하심과 인자하심이
         반드시 나를 따르리니"

델리취(331)에 의하면, 원수들이 지금 그를 추적하고 있기는

---

6. How great is the love the Father has lavished on us, that we should be called children
   of God! And that is what we are! The reason the world does not know us is that it did
   not know him. - NIV.

하나 번영과 은총만이 그를 따를 것이다. 그러므로 선하심과 인자하심이 그의 현재의 추적자들을 들에서 몰아낼 것이라고 그는 이해한다. "선하심"과 "인자하심"이라는 표현은 구약성경에서 본문에만 함께 나타난다. 그러나 "인자하심이 선하시다(토브 하쓰데카)"라는 표현은 다윗의 다른 시편의 두 구절에도 같이 나타난다(시 69:16; 109:21). 따라서 존슨(261)은 이 둘을 중언법(重言法)으로 보아 "끊임없는 친절하심"으로 이해한다. 고든 클라크(266-268)에 의하면, "인자하심"(헤쎄드)은 단순한 감정의 태도만이 아니고 수혜자에게 유익한 행동으로 이끄는 감정이다. 그는 설명하기를, 그 행동은 깊고 영속되는 의뢰 관계에 있는 두 인물이나 당사자들 사이라는 맥락에서, 자신을 스스로 도울 수 없어 도움이 필요한 환경에 처한 이에게 도움을 줄 수 있는 분에 의하여 행하여지는 인정 많은 행동이라고 한다. 다윗의 시편에 나타난 이 용어(헤쎄드)는 개역개정판에서 아래와 같이 다양하게 번역되었다.

"긍휼" 시편 51:1; 59:17; 103:4,8

"긍휼하심" 시편 25:6

"사랑" 시편 5:7; 6:4; 13:5; 17:7; 144:2

"은혜" 시편 141:5

"인애" 시편 109:12

"인자" 시편 18:5; 40:10,11; 52:1; 57:3,10; 62:12;

61:10; 69:13; 86:15; 101:1; 109:16; 143:8

"인자함" 시편 21:7; 86:5

"인자하심" 시편 25:6,8,10; 21:7; 22:10; 26:3; 35:5,7;
        36:10; 52:8; 59:10,16; 63:3; 86:13; 69:16;
        103:11,17; 108:4; 109:2,21; 138:8; 143:12

본문의 미완료형 시제인 "나를 따르리니"(*이르데푸니*)를 제임스 모팟역("나를 수반하다")과 예루살렘성경(JB "나를 뒤쫓는다") 그리고 일본신공동역은 현재형으로 번역하였다. 다윗의 시에서는 이 동사(*라다프*)가 "따르다"(시 34:14; 38:20), "쫓다"(시 35:3), "쫓아오다"(시 7:1), "뒤쫓다"(시 35:6), "뒤쫓아가다"(시 18:37)로 사용되었다. 특히 그것이 동사 *나싸그*("따라 잡다" - 출 15:9; 삼상 30:8) 그리고 *타파쓰*("잡다" - 시 7:5; 역시 "따라 잡다" - 시 71:11; "뒤따라 잡다" - 애 1:3)와 함께 사용되었음을 유의할 필요가 있다. 그러므로 본문 6절의 "따르다"의 미완료형은 다윗이 여호와의 선하심과 인자하심을 실감하고 있음을 고백하는 것으로 이해할 수 있다.

다윗은 여호와께서 자신에 대하여 오래 참으시고 기다리심을 이렇게 묘사한다.

시편 86:15 "그러나 주여 주는 긍휼히 여기시며 은혜를 베푸시

며 노하기를 더디하시며 인자와 진실이 풍성하신 하나님이시오니"(다윗의 시)

시편 103:8-14 "⁸여호와는 긍휼이 많으시고 은혜로우시며 노하기를 더디하시고 인자하심이 풍부하시도다 ⁹자주 경책하지 아니하시며 노를 영원히 품지 아니하시리로다 … ¹³아버지가 자식을 긍휼히 여김 같이 여호와께서는 자기를 경외하는 자를 긍휼히 여기시나니 ¹⁴이는 그가 우리의 체질을 아시며 우리가 단지 먼지뿐임을 기억하심이로라"(다윗의 시)

시편 145:8 "여호와는 은혜로우시며 긍휼이 많으시며 노하기를 더디하시며 인자하심이 크시도다"(다윗의 시)

그리고 다윗은 그 긍휼하심이 영원부터 있었고 영원까지 이르며 계속 베풀어지며 내 목전에 있다고 고백한다.

시편 25:6 "여호와여 주의 긍휼하심과 인자하심이 영원부터 있었사오니 주여 이것들을 기억하옵소서"(다윗의 시)

시편 103:17 "여호와의 인자하심은 자기를 경외하는 자에게 영원부터 영원까지 이르며 그의 의는 자손의 자손에게 이르리니"(다윗의 시)

시편 36:10 "주를 아는 자들에게 주의 인자하심을 계속 베푸시

며 마음이 정직한 자에게 주의 공의를 베푸소서"(다윗의 시)

시편 26:3 "주의 인자하심이 내 목전에 있나이다 …"(다윗의 시)

6절하 "내가 여호와의 집에 영원히 살리로다"

팀 켈리(134-135, 140-142)에 의하면, 이 세상은 아버지 집으로 돌아가는 귀향의 여정이다. 성경의 메시지는 인류 전체가 귀향을 시도하는 유랑의 무리임을 알려준다고 그는 말한다. 따라서 순례자 다윗은 마지막으로 "내가 여호와의 집에 영원히 살리라"라고 고백하고 있다. 물론 이 말은 비키(507)가 설명한 바와 같이 일차적으로 양의 입장에서 생각할 수 있다. 양의 입장에서는 문자적으로 충만하고 성공적인 일 년 동안의 생활을 마치고 목자의 집 지경으로 되돌아온 만족함을 설명하는 것이다. 다윗에게 있어서는 지상에서 여호와의 집에 이르는 것이 다윗의 당면 목표였다(시 27:4). 슬프게도, 그의 초기 시절에는 법궤와 성막이 서로 떨어져 있었다. 성막은 놉에 세워져 있었고, 법궤는 기럇 바알에 있었다. 기브아에 있는 사울의 왕궁이 이 두 곳으로부터 몇 시간 내에 있었기 때문에 거기에 살던 다윗은 예전에 그의 아버지의 집에 살 때보다 더 자주 성소의 거룩한 예배에 참석할 수 있었다고 그는 설명한다. 또 다른 측면에서 칼빈(I:399)은 이 맺는 말로써 다윗은 자신의 생각을 지상의 향락이나 안위에 국한시키지 않으며, 그의 목표는 천국으로 고정되어 있으며, 이에 도달하는 것이 만사에 있어서 위대한 목표라는 것을 분명히 보여준다고 설명한다. 다윗은 시편 27:4에서 이와 유사한 고백을 하였다. 원문에서는 "한 가지"와 "그것"이 동사 앞에 놓여 그의 사모함이 어떠한가를 잘 나타낸다.[7]

> "내가 여호와께 바라는 한 가지 일 그것을 구하리니 곧 내가 내 평생에(콜-예메 하야이) 여호와의 집에 살면서(야샤브) 여호와의 아름다움을 바라보며 그의 성전에서 사모하는 그것이라"

개역개정판이 시편 23:6이나 시편 27:4에서 "평생에"(콜-예메 하야이)와 "영원히"(레오레크 야밈)로 번역한 원문은 추상적인 용어가 아니라 순례의 여정의 하루하루를 나타내는 구체적인 "삶의 날들"과 "날들의 길이"를 나타내는 표현들이다. 브리그스(211)는 이 수혜자가 한번 대접 받고 떠나거나 혹은 가끔 혜택을 받는 객이 아니라 여호와의 상에서 영구적이고 언제든지 자리를 차지할 손님이라고 한다. 다윗의 시간 개념이라는 관점에서 생각하여 보자.

---

7. "One thing I have asked from the LORD, that I shall seek;
   That I may dwell in the house of the LORD all the days of my life,
   To behold the beauty of the LORD. And to meditate in His temple" - NASB.

어린 목동의 24시간의 하루하루, 국왕의 살기등등한 추적을 피하고 또 국가 정보망의 감시를 피한 하루하루뿐만 아니라 분초를 다투는 위기가 그가 국왕이 될 때까지 이어졌으니 그 얼마나 고달픈 삶이었겠는가? 따라서 그가 파란만장한 순례의 여정을 마치고 즐길 나날은 아기자기한 시간의 연속이어야 마땅할 것이다.

"내가 살리라"(웨샤브티)를 수정할 것을 요구하는 과격한 견해 (웨야샤브티. 퀼러 233, *BHS*)가 있으나 추종자는 미미하다. 델리취 (40)는 본문의 함축적 구조를 감안하여 "내가 여호와의 집에 돌아가 여호와의 집에 거할 것이다"로 이해한다. 크레이기(212)는 이 어근을 "돌아가다"(슈브)로 보고서 "살기 위하여 돌아간다"로 이해한다. 동사 "돌아오다"(슈브)는 장소를 나타낼 때에는 주로 전치사 엘('el "~으로" 창 28:21; 렘 29:14; 30:3하; 슥 8:3; 겔 29:14['al]; 슥 1:16[레])을 동반하나, 시편 23:6에서처럼 *베*("~에")를 동반하지 않는다. 반면에 동사 "거하다"(야샤브)는 전치사 *베*("~에서")를 동반한다.

만델켈른과 에반-쇼샨의 성구사전은 그 어근을 "거하다"(야샤브)로 본다. 이와 반대로 리소우스키의 성구사전과 쾨니히의 히브리어 사전, 퀼러-바움카르트너의 히브리어 사전과 게제니우스의 문법서는 모두 "돌아오다"(슈브)를 어근으로 본다. 그러나 눈여겨 볼 것은 "돌아가 살 것이다"로 이해하는 학자들이 시편 23편의 텍스트에서는 "내가 여호와의 집에 살리라"로 옮겼다는 점이다. 따라서 표준새번역개정판과 일본어공동역처럼 본문을 "내가 주님의 집으로 돌아가 영원히 그 곳에서 살겠습니다"라고 옮기기보다는 굳이 "돌아가"를 포함시키고자 한다면 난외주에 밝히는 것이 어떠할까 하는 생각이 든다. 예루살렘성경(JB)은 본문에는 "나의 자택"이지만 난외주에는 "히브리어는 슈브"라고 밝혔다. 대부분의 서구 성경들이 "거하다"로 번역하였는데 불어 성경 TOB는 "돌아가다"로 번역하였다.

드디어 다윗은 솔로몬을 왕위에 세우게 되는데 이는 그가 '다윗 언약'(삼하 7:12-14)을 성취하였음을 의미한다. 따라서 그는 이제 순례자의 사명을 완수한 것이라고 말할 수 있다. 그리고 열왕기상 2:10은 그의 임종에 대하여 아래와 같이 소개한다.

"다윗이 그의 조상들과 함께 누워 다윗 성에 장사되니(와잌카베르)"

성경은 아브라함, 이삭, 모세 그리고 여호수아의 죽음에 대하여 아래와 같이 서술한다.

아브라함: 창세기 25:7-9 "⁷아브라함이 향년이 백칠십오 세라 ⁸그의 나이가 높고 늙어서 기운이 다하여 자기 열조에게

로 돌아가매 ⁹그의 아들들인 이삭과 이스마엘이 그를 …

막벨라 굴에 장사하였으니(*와이크베루*)"

이삭: **창세기 35:28-29** "²⁸이삭이 나이가 백팔십 세라 ²⁹이삭이

나이가 많고 늙어 기운이 다하매 죽어 자기 열조에게로

돌아가니 그의 아들 에서와 야곱이 그를 장사하였더라

(*와이크베루*)"

모세: **신명기 34:5-6** "⁵이에 여호와의 종 모세가 여호와의 말씀

대로 모압 땅에서 죽어 ⁶벳브올 맞은편 모압 땅에 있는

골짜기에 장사되었고 (*와이크보르 오토*) 오늘까지 그의

묻힌 곳을 아는 자가 없느니라"

여호수아: **여호수아 24:29-30** "²⁹이 일 후에 여호와의 종 눈의

아들 여호수아가 백십 세에 죽으매 ³⁰그들이 그를 그의

기업의 경내 딤낫 세라에 장사하였으니(*와이크베루*) …"

이 구절들에서 죽은 자를 장사한 주체가 누구인지는 모세의 장사를 제외한 다른 구절들에서 분명히 드러난다. 그러면 왜 어떤 역본들은 모세의 죽음에서 주어 "여호와"를 배제한 비인칭대명사를 사용하여 "그리고 그가 장사되었다"라는 수동형 또는 "그리고 그들이 그를 장사하였다"로 옮기는가? 대맛소라(Mm2180)는 본문 신명기 34:6과 유다 왕 아몬의 장사함을 다룬 열왕기하 21:26 두

구절만 연관 구절로 제시한다(와이크보르 오토).

우선 신명기 34:6의 모세를 장사함에 대하여 고찰하여 보자.

1) 와우 계속법+미완료형 3인칭복수+3인칭단수 목적어의 형식: 주어를 비인칭대명사(단수 혹은 복수)로 보는 번역: "그리고 그들이 그를 장사하였다"(LXX, NJB).

2) 와우 계속법+미완료형(수동태)의 형식의 번역: "그리고 그가 장사되었다"(개역개정판, JPSB, REB, Moffatt, NRSV).

3) 원문 그대로를 받아들여 여호와를 주어로 보는 번역: "그가 그를 장사하였다"(독일어역본들; 불어역본들; KJV, NASB, JB, NIV[혹은 "그가 장사되었다"]; 일본어역본들; 유대인의 성경 Tanakh).

라쉬(코헨 1182)에 의하면 어떤 랍비들은 하나님이 그를 묻었다고 믿는가 하면 다른 이들은 모세가 자신을 묻었다고 믿는다는 것이다. 사무엘 드라이버(423)는 일찍이 본문에 의도된 주어는 의심의 여지없이 여호와시다라고 시인하였다. 따라서 만일 저자가 의도한 것이 "그가 ~에 장사되었다"라는 것이라면 구약의 여러 구절들에 나타난 것처럼 그렇게 표현하였을 것이다(와익카베르 베~). 그리고 만일 저자가 "그들이 그를(~에) 장사하였다"라고 말하기를 원하였다면 구약의 여러 구절에 나타난 것과 같이 선행사인 복수

대명사 주어를 표시하여 이를 나타내지 못할 이유가 없었을 것이다(와이크베루 오토). 장소 "~에"와 함께 사용한 예는 1) *와이크베루 오토 엘~*과 2) *와이크베루 오토 베~*로 나타난다.

"그가 ~에 장사되었다"
사사기 8:32; 10:2,5; 12:7,10,12; 사무엘하 17:23; 열왕기상 2:10,34; 11:43; 16:6,28; 열왕기하 13:13; 21:18; 역대기하 12:16; 35:24 등

"그들이 그를 장사하였다"
(장소 없이) 창세기 35:29; 열왕기상 14:18

"그들이 그를 ~에 장사하였다"
(엘과 함께) 창세기 25:9
(베와 함께) 창세기 50:13; 여호수아 24:30,33; 사사기 2:9; 16:31; 열왕기상 15:8; 열왕기하 9:28; 10:35; 12:22; 15:7; 21:26; 역대기하 13:23; 25:28; 26:23; 27:9

열왕기하 21:26은 길게 고찰할 필요가 없으리라고 본다. 왜냐하면 본문의 "아몬이 웃사의 동산 자기 묘지에 장사되고(*와이크보르 오토 베*) 그의 아들 요시야가 대신하여 왕이 되니라"라는 말씀에서 아몬의 장사지냄에 대하여서도 모세의 경우와 유사하게 대부분의

역본들이 "그가 장사되었다"로 혹은 "그들이 그를 장사하였다"(LXX, 루터, 불어역본들)라는 비인칭대명사를 주어로 이해하였다. 하지만 26절에서는 주어를 "그들"로 보아도 가능한 것은 그 대명사가 24절의 "그 백성"(암-하아레쯔)으로 이해할 수 있기 때문이다.

이와는 달리 신명기 34:1-6에서는 주어로는 모세(1절상 "모세가 … 올라가", 5절 "모세가 죽어")와 여호와(1절하 "여호와께서 … 보이시고", 4절 "여호와께서 그에게 이르시되 …")뿐이다. 그리고 "이스라엘 자손"은 이 사건 이후인 8절에 나타난다. 따라서 신명기의 본문에서만 유일하게 문장의 주어가 여호와로 사용된 예가 되는 것이다.

칼빈(신명기 405-406)은 말하기를, 모세는 신적 방법에 의하여 장사되었고 하나님께서 결의하신 목적에 의하여 감추어졌다고 하였다. 카일과 델리취(515)는 하나님께서 그렇게 하신 의도는 모세를 에녹과 엘리야의 범주에 자리하게 하시려는 데에 있었다고 이해한다(역시 박윤선 신명기 543-547). 더욱이 크레이기(405)에 의하면, 모세의 죽음과 장사함은 하나님과 모세 간의 사사로운 사건이었음을 암시한다. 비록 "그"를 여호수아나 백성들을 암시하는 집합명사로 간주할 가능성이 있기는 하나 그럼에도 불구하고 "그의 묻힌 곳을 아는 자가 없느니라"라는 후반부가 모세의 장사함에 대한 어떤 특별한 면이 있어 사람이 그 일에 관여하지 않았음을 가리킨다고 그는 주장한다. 따라서 현대어불어성경은 "여호와 자신이 그를 장사하였다"로 번역하였다.

성경은 시편 116:15에서 "그의 경건한 자들의 죽음은 여호와께서 보시기에 귀중한 것(야카르)이로다"라고 말씀한다. 이제 다윗은 순례의 여정을 마치고 여호와의 집 곧 그리던 본향에서 오래오래 살 것을 소망하고 있다. 그러면 다윗은 어떤 사람인가? 그는 사도행전 13:22-23에서 하나님께서 다윗을 하나님의 마음에 맞는 사람이요 하나님의 뜻을 다 이룰 사람이고 말씀하셨고, 요한계시록 22:16에서는 예수님께서 친히 "나는 다윗의 뿌리요 자손"이라고 말씀하신 인물이다.

> 시편 16:8-11 "⁸내가 여호와를 항상 내 앞에 모심이여 그가 나의 오른쪽에 계시므로 내가 흔들리지 아니하리로다 ⁹이러므로 나의 마음이 기쁘고 나의 영도 즐거워하며 내 육체도 안전히 살리니 ¹⁰이는 주께서 내 영혼을 스올에 버리지 아니하시며 주의 거룩한 자를 멸망시키지 않으실 것임이니이다 ¹¹주께서 생명의 길을 내게 보이시리니 주의 앞에는 충만한 기쁨이 있고 주의 오른쪽에는 영원한 즐거움이 있나이다"(다윗의 시)

시편 39:4-5,7 "⁴여호와여 나의 종말과 연한이 언제까지인지 알게 하사 내가 나의 연약함을 알게 하소서 ⁵주께서 나의 날을 한 뼘 길이만큼 되게 하시매 나의 일생이 주 앞에는 없는 것 같사오니 사람은 그가 든든히 서 있는 때에도 진실로 모두가 허사뿐이니이다(셀라) ⁷주여 이제 내가 무엇을 바라리요 나의 소망은 주께 있나이다"(다윗의 시)

시편 48:14 "이 하나님은 영원히 우리 하나님이시니 그가 우리를 죽을 때까지 인도하시리로다"(고라 자손의 시)

여기에서 "귀하다"는 말은 본질적 가치 혹은 그 희귀함 곧 양보다는 질을 나타낸다.

애가 4:2 "순금에 비할 만큼 귀한 시온의 아들들"

사무엘상 26:24 "오늘 왕의 생명을 내가 중히 여긴 것 같이 내 생명을 여호와께서 중히 여기셔서 모든 환난에서 나를 구하여 내시기를 바라나이다 하니라"(가달 동사)

"왕의 생명을 내가 중히 여겼다"(가들라 나프쉐카 ... 베에나이)

"내 생명을 여호와께서 중히 여기시다"(티그달 나프쉬 베에네 아도나이)

열왕기하 1:13 "… 나의 생명과 당신의 종인 이 오십 명의 생명

을 당신은 귀히 보소서"(티카르-나 나프쉬 … 베에네카)

A. A. 앤더슨(794-795)에 의하면, 성도 혹은 여호와의 충성된 종들이 맞이하는 때 아닌 죽음은 여호와에게 무관심할 일은 아니다. 그러므로 여호와는 그들을 그들의 재난에서 구출하신다는 것이다. 경건한 자들의 죽음이 이렇게 "때 아닌 죽음"이라든지 "고통스럽다"(Moffatt, Tanakh)고 여기기보다는 박윤선(시편 913)처럼 하나님은 성도의 사망 문제를 중대히 취급하셔서, 특별히 귀한 목적 없이는 그의 죽음을 허락하시지 않는다고 이해하는 것이 성경적이라고 하겠다. 순례자의 삶이 여호와의 눈앞에 존귀하다고 여호와께서 친히 말씀하실 만큼 그분에게 귀하다고 하니 하물며 그의 죽음이랴!

시편 72:14 "그들의 생명을 압박과 강포에서 구원하리니 그들의 피가 그의 눈앞에서 존귀히 여김을 받으리로다"(솔로몬의 시)

이사야 43:4 "네가 내 눈에 보배롭고(야카르타) 존귀하며(니크바드타) 내가 너를 사랑하였은즉(와아니 아하브티카) 내가 네 대신 사람들을 내어 주며 백성들이 네 생명을 대신하리니"

("내가 너를 사랑하였다"에서는 1인칭 대명사를 첨가하여 강조하였다)

헨리 비쳐(9-10)는 시편 23편을 나이팅게일로 비유하였다. 순례자의 소나타를 가장 감동적으로 드러내었다고 여겨 아래에 그의 글을 우리말로 직접 옮겨 소개하며 마치고자 한다.

시편 23편은 시편의 나이팅게일이다. 나이팅게일은 수수한 깃털을 가졌고 눈에 잘 띄지 않는 곳에서 수줍은 듯 노래하는 자그마한 새다. 그러나 오! 이 새는 우리 마음이 느낄 수 있는 것보다 훨씬 더 크게, 즐거운 멜로디로 온 세상의 공기를 가득 채운다. 그러기에 이 시편이 태어난 날은 복되다.

순례자는, 자신의 슬픔이 어떤 것이든지 잊게 하는, 그러나 사람들의 귀에는 낯설게 들리는 노래를 부르면서, 이 세상 이곳저곳 여행하라는 임무를 하나님께 부여받았다. 그래서 이 노래하는 사자(使者)는, 세상 모든 나라의 언어로 노래하며, 하나님의 능력을 힘입어 자신의 혀로써 공기를 움직여 맥박치게 함으로써 고통을 내쫓고, 온 세상을 여행하면서 자신의 길을 간다. 이 순례자에 대하여 여러분은 무엇이라고 말하겠는가? 여기 순례자가 있다. 이 세상의 모든 언어로 말하라고 하나님께서 이 순례자를 보내신 것이다.

이 순례자가 부르는 노래는 이 세상의 모든 철학들이 품은 것보다 더 많은 근심도 내려놓게 하는 마력을 발휘하여 왔다. 이 노래는 바닷가의 모래보다 더 많은 흉악한 생각들, 짙은 의심들, 기쁨을 앗아가는 슬픔들을 다시 그 나온 토굴로 되돌려 보냈다. 그러나 이 노래는 가난하나 고귀한 무리들을 위로하여 왔다. 실망한 군대에게 용기를 불러일으켜 주었다. 이 노래는 병든 자들과 옥에 갇힌 자들, 찢어지는 듯한 슬픔에 빠진 과부들과 외로움 속에 사는 고아들의 마음에, 향유와 위로를 불어넣었다. 이 노래를 들려주면 죽어가는 병사들도 더 평안하게 죽을 수 있었고, 유령 같은 병원들 안에도 빛이 비추었다. 이 노래는 마치 베드로가 상상 속에서 이끌리듯 이끌었던 천사처럼, 죄수들을 찾아가 그들의 쇠사슬을 풀어주어 그 자신의 집으로 되돌아가게 하였다. 그리고 이 노래는 그리스도를 믿는 종이 그의 상전보다 더 자유롭게 되도록 만들었고, 죽은 자가 떠났기 때문이 아니라 자신들이 죽은 자와 함께 떠나지 못하고 남아있었기 때문에 뒤에 남아서 떠난 자의 죽음을 애곡하는 자들을 위로하여 왔다.

그러나 나이팅게일의 할 일이 아직 끝난 것은 아니다. 나이팅게일은 여러분의 자녀들과 나의 자녀들 그리고 그들의 후손들에게, 모든 시대에 걸쳐서 줄곧 노래할 것이다. 이 새는 마지막 순례자가 안전히 도착할 때까지 그리고 모든 순례의 시간이 끝날 때까지 그 날개를 접지 않을 것이다. 그런 후에라야 나이팅게일은, 자신이 떠나온 하나님의 품으로 되돌아 날아갈 것이다. 그리고 이 노래는 영원히 천국에서, 음악으로 흐르는 천상의 온갖 기쁨의 소리와 더불어, 계속 울려 퍼질 것이다.

다윗의 시편(일흔세 편)

　시편 3-9; 11-32; 34-41; 51-65; 68-70; 86; 101; 103; 108-110; 122; 124; 131; 133; 138-145.

역사적 · 지형적 언급이 있는 다윗의 열네 시편: 시편 3; 7; 18; 30; 34; 51; 52; 54; 56; 57; 59; 60; 63; 142.

다윗의 참회의 시편: 시편 6; 32; 38; 51; 143.

다윗의 여호와(YHWH) 시편(열여섯 편): 시편 11; 12; 15; 21; 23; 26; 28; 34; 39; 101; 103; 124; 131; 133; 141; 142(원문 참조).

다윗의 "하나님"(엘로힘) 시편(일곱 편): 시편 51; 53; 57; 60; 61; 62; 63(원문 참조).

이새의 자녀들: 역대상 2:13-15; 사무엘상 16:6-12(주석을 참조하라).

다윗의 출생: 시편 22:9-10; 71:5-6; 139:13-16.

다윗의 소명: 사무엘상 16:5-13.

큰형 엘리압이 다윗을 꾸중함: 사무엘상 17:28.

수금을 잘 타고 용기, 무용, 구변이 있는 준수한 사람: 사무엘상

6:14-23.

골리앗을 상대할 것을 사울에게 요청함: 사무엘상 17:34-36.

골리앗을 물맷돌로 살해함: 사무엘상 17:45-49.

다윗이 지혜롭게 처신함: 사무엘상 18:5.

사울이 다윗을 두려워함: 사무엘상 18:12.

다윗이 명성을 얻음: 사무엘상 18:30.

온 가족의 상봉: 사무엘상 22:1.

다윗의 효성: 사무엘상 22:1-4.

충실한 신하 다윗: 사무엘상 22:14.

요나단의 고백: 사무엘상 23:17.

다윗이 사울 왕을 살려 주다: 사무엘상 24:4-7,10-11; 26:8-24.

아기스 왕에게 인정받음: 사무엘상 29:6.

사울과 요나단의 죽음을 애도함: 사무엘하 1:23-27.

다윗의 자녀들: 사무엘하 3:2-5; 역대상 3:1-9 참조.

다윗이 점점 강성함: 사무엘하 5:10.

유다의 왕이 되다: 사무엘하 2:4.

온 이스라엘의 왕이 되다: 사무엘하 5:3,12.

다윗이 여호와께 여쭙다: 사무엘상 23:2-3; 30:8; 사무엘하 2:1;
    5:19; 5:23-25(비교 역대상 10:13-14).

하나님의 궤를 시온으로 옮김: 사무엘하 6:12-14.

다윗에게 주신 하나님의 약속: 사무엘하 7:8-9.

다윗 언약: 사무엘하 7:12-17.

요나단에 대한 의리를 지켜 므비보셋을 선대함: 사무엘하 9:1,11.

다윗과 밧세바: 사무엘하 11:1-12:23.

우리아의 일 외에는 평생에 여호와 보시기에 정직함: 열왕기상 15:5.

아들 압살롬의 반역: 사무엘하 15:10-12.

하나님의 궤를 돌려보냄: 사무엘하 15:25-26.

시므이의 저주를 달게 받아들임: 사무엘하 16:10-12.

다윗은 이스라엘의 등불: 사무엘하 21:17.

다윗은 하나님이 도우시는 인물: 역대상 12:18.

다윗이 솔로몬에게 준 교훈: 역대상 28:9-10.

다윗의 솔선수범: 역대상 29:1-9.

아들 아도니야의 반역: 열왕기상 1:5-6.

솔로몬이 왕위를 계승함: 열왕기상 1:38-39.

다윗이 솔로몬에게 유언을 남김: 열왕기상 2:1-3.

다윗의 죽음: 열왕기상 2:10.

다윗의 행적: 역대상 29:26-30.

솔로몬이 본 아버지 다윗: 열왕기상 3:6.

예수는 아브라함과 다윗의 자손: 마태복음 1:1.

다윗이 그리스도를 주라 칭함: 마태복음 22:42-45.

그리스도는 다윗의 씨로 베들레헴에서 나오리라: 요한복음 7:42.

다윗이 그리스도의 부활을 예언함: 사도행전 2:25-28.

하나님의 마음에 맞는 다윗: 사도행전 13:21-23.

죽은 자 가운데서 부활하신 다윗의 자손 그리스도: 로마서 1:3-4.

다윗의 뿌리요 자손이신 예수: 요한계시록 22:16.

약어표 및 참고도서

약어표

BDB F. Brown, S. R. Driver and C. Briggs. *A Hebrew and English Lexicon of the Old Testament* (Oxford University, repr. 1959).

BHS *Biblia Hebraica Stuttgartensia.*

BVC *Bible et Vie Chrétienne.*

CBQ *Catholic Biblical Quarterly.*

CTM *Concordia Theological Monthly.*

ESV English Standard Version.

GKC W. Gesenius, E. Kautzsch, and A. E. Cowley. *Hebrew Grammar* (Clarendon, repr. 1949).

HALOT L. Koehler and W. Baumgartner. *The Hebrew and Aramaic Lexicon of the Old Testament.* Study Edition, vol. One. Trans. by M. E. J. Richardson (Brill, 2001).

Int *Interpretation.*

ISBE G. W. Bromiley et al eds., *International Standard Bible Encyclopaedia.* 2nd ed. 4 vols. Rev. ed. (Eerdmans, 1979-88).

JBL *Journal of Biblical Literature.*

JPSB   Jewish Publication Society Bible.

JQR   Jewish Quarterly Review.

JSOT   Journal for the Study of the Old Testament.

Moffatt The Bible: James Moffatt Translation.

NASB New American Standard Bible.

NBC   New Bible Commentary.

NCB   New Century Bible.

NETB New English Translation Bible.

NJB   New Jerusalem Bible.

NRSV New Revised Standard Version.

PTS   Princeton Theological Seminary.

REB   Revised English Bible.

TEV   Today's English Version.

TDOT G. J. Botterweck and H, Ringgren, eds. *Theological Dictio-*
        nary of the Old Testament. 10 vols. Trans. by G. W. Bromiley
        (Eerdmans, 1964-76).

TOB   Traduction Œcuménique de la bible.

TOTC Tyndale Old Testament Commentaries.

TWOT R. L. Laird et al., eds. *Theological Wordbook of the Old Tes-*
        tament. 2 vols. (Moody, 1980).

VT   *Vetus Testamentum.*

WBC D. A. Hubbard et al., eds., *Word Biblical Commentary* (Word Books, 1982-).

ZAW *Zeitschrift für die Alttestamentliche Wissenschaft.*

ZPEB M. C. Tenny et al., eds., *Zondervan Pictorial Encyclopaedia of the Bible*, 5 vols. (Zondervan, 1978).

//   평행법.

참고도서

Anderson, A. A. *Psalms*, vol. 2. NCB (Oliphants, 1972).

Anderson, G. A. "King David and the Psalms of Imprecation," *Pro Ecclesia*, vol. xv, No.3 (2006): 267-80.

Augustine, A. *Expositions on the Psalms* (Digital Psalms version, 2007).

Beaucamp, E. "Vers les Paturages de Yahweh (Towards the Pasture Lands of Yahweh)," *BVC* (1960): 47-57.

Bazak, Y, "Psalm 23-A Pattern Poem," *Dor le Dor* 11 (1982-1983): 71-76.

Beecher, H. W. *The Thoughts, Gathered From the Extemporaneous Discourses of H. W. Beecher* (Philip Sampson, 1858), pp. 9-10.

Beeke, J. R. *Jehovah Shepherding His Sheep* (Reformation Heritage Books, 1997). 조엘 비키 지음, 김철두 옮김, 『깊이 읽는 시편』 (생명의말씀사, 2000).

Blair, E. P. "An Appeal to Remembrance: The Memory Motif in Deuteronomy," *Int* 15 (1961): 41-47.

Briggs, C. A. and Briggs, E. G. *A. Critical and Exegetical Commentary on the Book of Psalms*. 2 vols. ICC (T & T Clark,

1906).

Brueggemann, W. *The Message of Psalms: A Theological Commentary* (Augsburg Old Testament Studies, 1984), pp. 154-56.

Bullock, C. H. *An Introduction to the Poetic Books: The Wisdoms and Songs of Israel* (Moody, 1979).

Calvin, J. *Commentary on the Book of Psalms.* Trans. by J. Anderson (Eerdmans, 1948).

Calvin, J. *Commentaries on the Four Last Books of Moses in the Form of a Harmony by J. Calvin*, vol. 4. Trans. by Ch. Wm. Bingham (Eerdmans, 1948).

Cansdale, G. S. "Sheep," *ZPEB*, vol.5, (Zondervan, 1978), pp. 385-88.

Cassuto, U. *A Commentary on the Book of Exodus.* Trans. by I. Abrahams (Magnes, 1067).

Clark, G. R. *The Word Hesed in the Hebrew Bible.* JSOTSup 157 (Sheffield Academic Press 1993).

Clark, Mary, T. "Augustin's Use of the Psalms," *The Way Supplement* 87 (1996): 91-101.

Cohen, A. *The Soncino Humash.* Soncino Books of the Bible (Soncino, 1981).

Cole, A. *Exodus*. TOTC (Tyndale, 1973).

Craigie, P. C. *Ps 1-50*, WBC 19 (Word Books, 1983).

Dahood, M. "Stichometry & Destiny in Psalm 23, 4," *Biblica* 60 (1979): 417-19.

Delitzsch, F. *Biblical Commentary on the Psalms*, vol. I (Eerdmans, 1968).

Driver, S. R. *An Introduction to the Literature of the Old Testament* (Meridian Books: Word, 1956).

Evan-Shoshan, A. ed. *A New Concordance of the Old Testament* (Kiryat Sepher, 1983).

Feinberg, C. L. *The Minor Prophets* (Moody, 1951).

Frontain, R. J. "Teaching Psalm 23 [table]," *Approaches to Teaching the Hebrew Bible*. Ed. by B. Olshen (1988). pp. 120-23.

Garber, P. L. "Sheep, Shepherd," *ISBE*, vol. Four (Eerdmans, 1988), pp. 463-65.

Goldman, S. *Samuel*. Soncino Books of the Bible (Soncino, 1971).

Gunkel, H. *Die Psalmen* (Vandenhoeck & Ruprecht, 1968).

Hattori, Y. *The Prophet Ezekiel and His Idea of the Remnant* (Unpublished Th.D. Diss., Westminster Theological Seminary, 1968).

Heim, K. M. "Psalm 23:4-6," *Re-Word*. No. 11 (2016): 60-63.

Hendriksen, W. *Exposition of the Gospel According to Mark* (Baker, 1975).

Hengstenberg, E. W. *The Works of Hengstenberg*. Vol. 5, The Psalms (Mack, 1851 ET).

Henry, M. *Matthew Henry's Commentary on the Whole Bible, vol. 3. Job to Song of Solomon* (Hendrickson. Fleming H. Revell, 1991), pp. 316-19. 『단권 매튜 헨리 구약주석』 (하), 매튜 헨리 번역위원회 옮김 (도서출판 풍만 1986).

Johnson, A. R. "Psalm 23 and the Household of Faith," *Proclamation and Presence*. Ed. by J. R. Durham and J. R. Porter (1970): 261-71.

Keller, P. *A Shepherd Looks at Psalm 23* (Zondervan, 2007). 필립 켈러 지음, 김만풍 옮김 『양과 목자』 (생명의말씀사, 2008).

Keller, T. *The Prodigal God* (2011). 팀 켈러 지음. 윤종석 옮김, 『탕부 하나님』 (두란노, 2016).

Kidner, D. *Psalms 1-72*, TOTC (IVP, 1973).

Koehler, L. "Psalm 23," *ZAW* 68 (1956): 227-34.

König, E. *Wörterbuch zum Alten Testament* (Dieterich'sche

Verlagsbuchhandlung, 1922).

Kuruvilla, A. "Pericopal Theoloogy," *Bibliotheca Sacra* 173 (2016): 1-17.

Laney, J. C. "A Fresh Look at the Imprecatory Psalms," *Bibliotheca Sacra* 138 (1980): 35-44.

Leupold, H. C. *Exposition of the Psalms* (Baker, 1969).

Lisowsky, G. *Konkordanz zum Hebräischen Alten Testament* (Württembergische Bibelanstalt, 1958²).

Lundbom, R. "Psalm 23: Song of Passage," *Int* 40 (1986): 6-16.

Maclaren, A. "The Psalm 23," *The Expositor's Bible*, vol. I (1893), pp. 226-36.

MaComisky, T. E. "bārā'," *TWOT*, vol. I (Moody, 1980), pp. 127-28

Maiberger, P. "rāwâ," *TDOT*, vol. XIII (2004), pp. 357-61.

Mandelkern, S. *Vetus Testamenti Concordantiae Hebraicae Atque Chaldicae* (Schocken, 1962).

Martin, C. "Imprecations in the Psalms," *PTS* 1 (1903): 537-53.
참머스 마틴, "시편에 나타난 저주," 윤영탁 역편, 『구약신학 논문집』 (1) (성광문화사, 1989): 117-48.

Massorah Gedolah. Iuxta Codicem Leningradensem B 19 a. Ed. G. E. Weil, vol. I Catalogi (Pontificium Institutum Biblicum,

1971).

McCarthy, D. P. "A Not-So-Bad Derridean Approach to Psalm 23 [bibliogs]," *Proceedings, Eastern Great Lakes & Midwest Bible Soc. 8.* Ed. by P. Redditt (1988): 177-91.

McCaw, L. S. and Motyer, J. A. "Psalm 23," *NBC.* Revised (Eerdmans, 1970).

McKenzie, S. L. "Why Did David Stay Home? An Exegetical Study of 2 Samuel 11:1," *Raising up a Faithful Exegete: Essays in honor of R. D. Nelson.* Ed. by K. L. Noll and B. Schramm (Eisenbrauns, 2010): 149-58.

Merrill, A. L. "Psalm 23 and the Jerusalem Tradition," *VT* 15 (1965): 354-60.

Morgenstern, J. "Psalm 23," *JBL* 65 (1946): 13-24.

Motyer, J. A. "The Revelation of the Divine Name," *Theological Student's Fellowship* (Leicester, 1959). 제이 에이 모티어, "하나님의 성호의 계시," 윤영탁 역편,『구약신학논문집』(3) (성광문화사, 1985): 49-97.

Mowinckel, S. *The Psalms in Israel's Worship.* Vol. 2 (Abingdon, 1967).

Murray, J. *The Epistle to the Romans.* One-vol. ed. (Eerdmans,

1968).

O'Conner, C. "The Structure of Psalm 23," *Louvain Studies* 10 (1985): 206-30.

Pardee, D. "Structure and Meaning in Hebrew Poetry: The Example of Psalm 23," *Maarav* 5/6 (1990): 239-80.

Payne, D. F. "1 and 2 Samuel." *NBC*. Revised (Eerdmans, 1970).

Payne, J. B. "The Book of Psalm," *ZPEB*, vol. Four (Zondervan, 1978), pp. 924-47.

Perowne, J, J. *The Book of Psalms*, One-vol. ed. (Zondervan, 1976).

Power, E. "The Shepherd's Two Rods in Modern Palestine and in some Passages in the Old Testament," *Biblica* 9 (1928): 434-42.

Preuss, H. D. "... Ich will mit dir sein," *ZAW* 80 (1968): 139-73.

Robinson, A. "God, The Refiner of Silver," *CBQ* 88/11 (1949): 188-90.

Rosenberg, J. "The Institutional Matrix of Treachery in 2 Samuel," *Semeia* 46 (1989): 103-16.

Schottroff, W. "Psalm 23: Zur Methode *Sozialgeshichtlicher Bibel auslegung*," *Traditionen der Befreiuig*. Bd. I. Methodische Zugänge (Kaiser, 1980) S. 78-113.) "시편 23편의 社會史的 聖經註釋," 金昌洛 編著, 『새로운 聖書註解 - 무엇이 새로운가?』(한국신학연구소, 1987), pp. 119-57.

Scott, J. B. "ḥāsēr," *TWOT*. Vol. I (Moody, 1980), p. 309.

Smith, H. P. *The Books of Samuel*. ICC (T. & T. Clark, 1969).

Smith, M. S. "The Psalms as a Book for Pilgrims," *Int* 46 (1992): 156-66.

Smith, M. S. "Setting and Rhetoric in Psalm 23," *JSOT* 41 (1988): 61-66.

Unger, M. F. *Bible Dictionary* (Moody, 1966 Revised).

Weingreen, J. "The Rebellion of Absalom," *VT* 19 (1969): 263-66.

Weiser, A. *The Psalms*, OTL (SCM, 1962).

Young, E. J. *An Introduction to the Old Testament* (Eerdmans, 1960).

김정우, 『시편주석』 I (총신대학교출판부, 2005).

김정우, 『시편주석』 II (총신대학교출판부, 2005).

김창락 편저, "시편 23편의 사회학적 성서주해," 『무엇이 새로운 성서해석인가?』(한국신학연구소, 1987).

박민재 역, 『스펄전설교전집 시편』 I (크리스천다이제스트, 2013).

박윤선, 『성경주석. 창세기. 출애굽기』(영음사, 1981).

박윤선, 『성경주석. 사무엘서. 열왕기. 역대기』 (영음사, 1984).

박윤선, 『성경주석. 시편』 (영음사, 1984).

왕대일, "새로운 구약주석 이론과 실제. 시편의 주석. 시편의 재
　　해석," 金昌洛 編著, 『새로운 聖書註解 – 무엇이 새로운가?』
　　(성서 연구사, 1996), pp. 406-27.

関根正雄, 「詩篇における敵の問題」『詩篇注解』(下) 第76篇–第150
　　篇附錄1 (教文館, 1981) 281-9頁。

나의 순례의 여정

나의 순례의 여정

나는 자라난 환경 때문인지 내성적이어서 사람들 앞에서 자신을 드러내기를 꺼려하는 편이었다. 더욱이 한때 유행하였던 간증집회도 부정적 시선으로 보았다. 우선 간증자가 자신의 좋은 면만을 드러낼 위험이 있기도 하지만 무엇보다도 그의 말년에 실수하지 않는다고 장담할 수도 없기 때문이다.

> **히브리서 13:7** "하나님의 말씀을 너희에게 일러주고 너희를 인도하던 자들을 생각하며 그들의 행실의 결말을 주의하여 보고 그들의 믿음을 본 받으라"

몇 년 전 미국 방문 중에 몇 회에 걸쳐서 방송에 출연하여 대담을 하자는 제안을 받았을 때에 나는 그것을 거절한 일이 있다. 그리고 어느 교회에서 설교 후에 목사님이 "교수님, 부흥회를 인도하신 일이 있으십니까?"라고 질문을 한 일이 있었다. 나는 그분의 의도를 간파하고 "아니오, 내가 부흥회를 인도하면 사회자와 설교

자 그리고 반주자밖에는 참석자가 없을 것입니다"라고 답을 하였다. 앞으로 나의 생이 과거보다 훨씬 짧겠으나 넘어질까 조심하라는 말씀을 기억하며 옷깃을 여민다. 지난날에 혹 필자의 언행에 크리스천답지 못한 점이 있더라도 그리스도의 사랑으로 용납하여 주기 바라는 바이다.

이번에 다윗의 일생에 대하여 묵상하는 중에, 팔십여 년 간 걸어온 필자의 여정을 회고하게 되었다. 우리의 순례의 여정이 감히 다윗의 여정과 비할 바는 못 되나, 하나님께서는 뜻이 계셔서 우리를 이 세상에 보내시고 다윗에 못지않게 귀하게 여기시므로 필자는 과거와 현재 그리고 미래의 여정을 통하여 그 뜻을 이루어 가신다는 것을 깨닫게 되었다. 그리고 내 아내와 정창균 총장 및 몇몇 동료 교수들의 격려에 용기를 얻어 여기에 필자의 여정을 소개하여 순례길의 동행자들과 이를 나누기로 하였다.

민수기 23:21 "야곱의 허물을 보지 아니하시며 이스라엘의 반역을 보지 아니하시는도다 여호와 그들의 하나님이 그들과 함께 계시니 왕을 부르는 소리가 그 중에 있도다"

어린 나이에 홀로 고국 땅을 밟은 날부터 나는 지금까지 지나온 짧지 않은 세월에 목사님들, 장로님들, 권사님들 그리고 그밖에 많은 분들로부터 받은 사랑과 도움에 감사의 뜻을 온전히 전하지 못한 바가 많아 마음이 무겁기만 하다. 이분들 중의 대다수는 이미 주님의 품에 안기셨다. 따라서 나는 지금도 하나님께서 그분들의 자손들에게 복을 내려주시기를 기원하고 있다. 고마운 분들의 실명을 모두 밝히지 못함을 양해하여 주기 바란다.

나의 태어남("너는 십일조다!")

우리가 태어나서 취득한 국적, 가정을 통하여 얻은 성명 그리고 더욱이 크리스천으로서 얻은 천국의 시민권에 대하여 우리는 항상 양과 같이 반추하며 감사하여야 한다. 따라서 하나님께서 뜻이 계셔서 자신을 이 세상에 태어나게 하셨다는 순례자 다윗의 고백은 그의 뒤를 이은 모든 순례자들에게 시사하는 바가 크다고 하겠다(시 22:9-10; 71:5-6; 139:13-16). 나도 아버지 윤좌은(본명 윤태빈)과 어머니 장신덕의 4남으로 태어난 것을 하나님께 감사를 드린다.

아버지는 1919년 만세 운동 시에 평양협성신학교 재학 중이셨다. 그 당시로서는 지도자 중의 일원이셨으므로 고향인 평남 강서 지역에서 만세 운동에 가담하였다는 이유로 헌병대에 의하여 투옥

되어 옥고를 치르셨다. 아버지는 심한 고문과 학대를 받아 생명이 위독하여 병보석으로 석방되셨다. 그 후 아버지는 상해에 가서 하와이에 있는 독립 운동을 하시는 분들과 합세하려고 하셨다. 하지만 상해 망명 임시정부의 제1기 상해 시대(1919-1932)인 그때가 러시아에서 항일 활동을 하시던 독립 운동가들이 오히려 상해로 돌아오는 시기여서 뜻을 이루지 못하고 시베리아와 만주 지역에서 피신 생활을 이어가셨다.

부모님은 본래 열 자녀를 낳으셨으나 열악한 환경 속에서 아홉을 질병과 익사 등으로 잃으셨다. 어느 때는 아기가 열이 높아 철로에 나가 열차를 기다렸다 타고서 대도시의 병원에 도착하면 아기는 이미 숨을 거둔 경우도 있었다고 한다. 물에 빠진 동생을 건지러 들어갔다가 자신도 같이 익사한 일도 있었다고 한다. 그들 중에는 씨름 대회에서 황소를 상으로 받은 아들이 있었고 나보다 명철한 형님들과 누님들도 있었다고 한다. 이로 인하여 어머니는 나를 잉태하였을 때에 또 한 번의 슬픔을 감당할 자신이 없고 두려워 나를 낙태시키려고 한약과 금계랍을 드셨다고 한다. 하마터면 어머니의 배가 나의 무덤이 될 뻔하였다.

어머니는 나약하게 태어난 나를 업고 밖에 나가면 금방 감기가 걸리므로 병원에 자주 다녀야 했다고 말씀하셨다. 나의 어머니 아니 모든 어머님들의 이러한 심정을 부정적 시각으로 대하지는 않으리라고 생각한다. 남편이 죽으면 산에 묻지만 자식이 죽으면 가슴에 묻는다는 말이 있다. 그 고통과 아픔은 자녀를 잃어본 일이 없는 분들은 이해하기 어려울 것이다! 어머니는 후에 늘 나에게 "너는 십일조다!"라고 하셨다. 그래서인지 아버지는 내가 자란 소년시절 내내 내게 애정을 보이지 않으셨다. 내가 나이가 들어서야 그 이유를 이해하게 되었다. 어머니는 믿음이 약하신 분이 아니셨다. 아버지가 낙심하실 때마다 어머니의 신앙에 의하여 격려와 위로를 받으셨다. 그리고 어머니는 친척들 중에서도 까다로운 분들로부터도 평화주의자로 인정을 받으신 분이셨다.

나는 나의 이러한 과거를 회고할 때마다 내 마음속 깊게 각인된 말씀이 있는데 그것은 곧 "너는 피투성이라도 살아 있으라"라고 하신 여호와의 말씀이다. 에스겔 16:4-14의 말씀이 어찌 필자 개인에게만 주어진 것이겠는가? 우리 모두가 이 말씀을 깊이 묵상하고 하나님께 감사와 찬송을 드리며 신앙적 의리를 지켜야 할 것이다. 한 가지 더 놀라운 사실은 독한 약물로 인하여 왜소하고 나약하여 볼품없게 태어난 나에게 왜 아버지가 내가 감당하기 어려운 이름인 꽃부리 영(英)에 높을 탁(卓)으로 지어주셨을까? 노년이 된 이제 나는 혹시 아버지가 본인이 이루지 못한 성직의 꿈을 내가 후에 이루었으면 하는 예시까지는 아니라고 하여도 그러한 염원에서 그렇게 지으신 것이 아닌가 생각하여 본다. 아버지가 도피 시절에는 주일이 되면 감시를 의식하여 본인이 설교를 못하고 항상 다른 목사님을 집에 모셔다가 예배를 드리곤 하였으니 말이다.

나는 욥을 늘 존경한다. 그는 열 자녀들이 맏아들 집에 모여 오순도순 식사를 즐기고 있을 때에 큰 바람이 덮쳐 집이 무너져 모두 즉사하는 참변을 당하였다는 소식을 들었다. 그러자 그는 즉시 여호와께 엎드려 예배를 드리며 이렇게 아뢰었다고 한다. "내가 모태에서 알몸으로 나왔사온즉 또한 알몸이 그리로 돌아가올지라 주신 이도 여호와시요 거두신 이도 여호와시오니 여호와의 이름이 찬송을 받으실지니이다"(욥 1:21). 원문에서 동사문장의 기본형식은 동사+주어+목적어로 되어 있다. 그런데 본문에서 "알몸"(아롬)이라는 형용사가 문장의 앞머리 즉 동사 앞에 도치되어 나왔고, "주신 이도 여호와시요 거두신 이도 여호와시다"라는 고백에서도 주어인 "여호와"가 동사 앞에 위치하여 강조되었다. 이는 분명 그가 하나님의 주권을 인정한 것이리라! 어머니께서 내가 태어난 것이 "십일조"라고 하신 말씀도 이와 같은 맥락에서 이해하고 싶다.

흔히 사용하는 구사일생(九死一生)이라는 말을 생각하여 본다. 국어사전에는 "여러 차례 죽을 고비를 겪고 겨우 살아 남"이라고 정의하였다. 나는 크리스천에게 "구사일생"이라는 단어는 없다고 말하고 싶다. 어릴 때 중국인 마을에서 유일한 한국인 가정의 어린이로 자랐다. 당시의 어린이들에게는 주말이나 방학기간에 강에 가서 수영하는 것이 대단한 취미 생활 중의 하나이었다. 하루는 친구들과 함께 강에서 수영을 하다가 깊은 곳에서 헤어 나오지 못하고 물을 두어 모금 마시고 있었는데 그때 주인 집 아들이 나를 건져주어 살아났다. 그는 그날만 그 강에 낚시질을 하러 나왔던 것이라고 한 것이 아닌가! 나는 그분을 지금도 잊지 못하고 고마운 마음으로 기억하고 있다. 아마도 지금 그분은 세상을 떠나셨을 것이다.

한때 중국은 죽의 장막으로 알려져 우리로서는 도저히 방문할 수가 없었다. 여행이 자유로워진 후에도 어렵고 바쁜 교수 생활로 인하여 나에게는 도시에서 아주 멀리 떨어진 작은 농촌 마을에 신변 보호 없이 가는 일이 쉽지 않았다. 그리고 나의 은인이신 그분은 사모가 병약하여 자녀가 없었다. 그래도 중국에서 지도급 인사들이 신학교를 방문하였을 때에 나는 그분의 이름과 주소를 전하여 주며 생사를 확인하여 줄 것을 부탁한 일이 있다. 그런데 얼마 후에 전하여 듣기로는 그분의 주소는 알 수 없으나 어느 대도시에서 음식점을 운영하고 있다고 하니 그분을 만날 가능성은 거의 없다는 말이겠다. 나는 지금도 마음속에 그분에 대하여 빚진 자의 심정을 지니고 있다. 생명을 구하여 준 은인에 대한 보답도 못하는 내가 영혼의 구주이신 주님의 은혜를 어찌 조금이라도 갚을 수 있다는 것인가! 오직 주님께 겸손히 감사를 드릴 뿐이다.

혈혈단신으로 한국 땅을 밟다

해방 후 중국에 머물던 한국 사람들의 일부는 북한으로 가고 또 다른 일부는 천진에 집결한 후 한국 정부가 제공한 선편을 이용하여 인천항으로 귀국하였다. 은퇴하신 부모님은 귀국하실 용기가 없으셔서 나를 먼저 고모님 댁으로 보내고 천진에 머물러 계셨다. 나는 선편으로 인천항에 도착하여 열차 편으로 서울역에 내려 역전의 어느 여관에서 하루를 보냈다. 다음날 아침 나는 어찌할 바를 모른 채 고모님 주소만 가지고 여관 앞길에서 찾아갈 방도를 생각하고 있었다. 그런데 성경적 표현을 빌자면 "우연히" 전에 중국 서탑교회 중등부 교사 선생님이 내 앞을 지나가시는 것이 아닌가! 나를 보고 놀라신 그분의 도움으로 나는 고모님 댁을 어려움 없이 찾게 되었다. 이것이야말로 "여호와 이레"이었다.

그리던 부모님과의 상봉

그 후 나는 부모님이 그리워 의기소침하여 울 때가 많았다. 그 사이 어머니는 천진 한인교회에 출석하며 성심껏 교회를 섬기셨다. 그때에는 천진에도 이미 공산군이 입성하였다고 한다. 하루는 목사님이 부모님에게 곧 천진을 떠나는 마지막 영국 상선이 있으니 같이 이곳을 떠나야 아들을 만날 수 있다고 알려주셨다고 한다. 배에 오르던 날에 놀라운 일이 발생하였다고 한다. 당시는 비상사태이었으므로 군인들이 배에 오르는 사람들을 검문하였는데 잠시 갑작스럽게 강한 소낙비가 내려 검문을 하던 군인들이 자리에 없어서 부모님은 목사님 가정을 뒤따라 무사히 승선하셨다는 것이다! 배가 항구를 떠난 얼마 후에 선박료가 부족하였던 부모님의 딱한 사정을 목사님이 선장에게 잘 말씀을 드려 부모님이 가지고 있던 비단 천을 대신 지불하고 문제를 해결하였다고 들었다. 그 후 철이 들어 그 목사님이나 그의 자손들에게 고맙다는 인사를 드리려고 하였으나 연락처를 알지 못하여 아쉽기만 하다. 어느 날 인천항에서 부모님이 도착하셨다는 통지가 왔다. 이렇게 하여서 우리 세 식구는 대한민국에 정착하게 된 것이다.

나는 왜소한 체격으로 태어난 것에 대하여서도 주님께 감사를 드린다. 그 이유는 이렇다. 6·25전쟁 때에 나는 고1이었는데 피난을 가지 못하여 당분간 서울에 있었다. 하루는 공산당원들이 젊은이들을 군인으로 편입시키려고 내가 있던 고모님 집에 습격하여 들어온 일이 있었다. 그때에 나는 뜰에 나와 있다가 그들과 마주쳤으나 놀랍게도 그들은 나에게 전혀 관심을 보이지 않고 돌아갔다. 주님께서 그들의 눈과 생각을 혼미하게 하셔서 나를 어린 초등학생으로 여기게 하셨다고 나는 지금도 확신하고 있다. 1962년 미국 유학 시에 많은 미국 사람들이 한국 사람인 나를 처음 본다고 하며 한국 사람의 키는 어떠한가라고 나에게 질문한 일이 있었다. 나는 '내 키가 표준이다. 다른 사람들의 키는 나보다 크거나 작다'고 답하자 그들은 "한국 사람들은 다 이렇게 유머가 있나요?" 라고 되물었다.

학창시절의 연단

나는 어린 다윗이 막내로 태어나 형들이 누리는 혜택을 공유하기는 커녕 도리어 들에서 양을 치는 목동으로 나날을 보내는 처지에 놓인 모습을 생각하며 나 자신의 삶의 단면을 회고하게 된다. 성경은 이런 환경에서도 "그가 그들을 자기 마음의 완전함으로 기르고 손의 능숙함으로 그들을 지도하였도다"라고 우리에게 알려주신다. 나는 이 대목에서 다윗을 귀하게 생각하게 되었다.

> **시편 78:70-71** "[70]또 그의 종 다윗을 택하시되 양의 우리에서 취하시며 [71]젖양을 지키는 중에서 그를 이끌어 내사 그의 백성인 야곱, 그의 소유인 이스라엘을 기르게 하셨더니 [72]이에 그가 그

들을 자기 마음의 완전함으로 기르고 손의 능숙함으로 그들을
지도하였도다"

대학 시절에 있을 곳이 없어 서울에 있는 어느 고아원에서 일하
며 학업을 이어간 일이 있었다. 6·25전쟁 이후 미군 장병들은 특
히 전쟁고아들에게 관심을 가지고 후원하였다. 따라서 우리 고아
원에도 8군 영내의 장교들뿐 아니라 일선에서도 많은 사병들이 방
문하였다. 우리 고아원에서는 합창단을 조직하여 일선 장병들을
위문하는 기회가 자주 있었다. 그럴 때마다 미군 장병들은 고국에
있는 귀여운 자녀들을 떠올리며 고아들을 따스하게 맞아 주었다.

나는 통역을 맡았으므로 영어회화를 할 수 있는 귀한 기회를
많이 얻게 되었다. 당시 미국 대사의 부인이 학교에서 영어회화
강의를 한 일이 있었다. 나는 그 강의에 수강하였는데 그분이 고
아원에서 일하는 나를 측은하게 여겨서인지 강의가 끝나면 항상
나를 대사의 전용차 운전사 옆에 앉게 하고 대사관 정문 앞에서
내려주곤 하였다. 대사관에서 크리스마스 파티가 있을 때에는 초
청장을 보내주어 내가 참석하는 기쁨을 누린 일도 있었다.

더욱이 감사한 것은 전방에 배치된 어느 보병대대 군목님이 예
배 시에 반주자가 없다고 하시면서 나에게 그 일을 맡기셨다. 나
는 풍금(오르간)으로 찬송가를 칠 수 있었기에 그 일이 가능하였

다. 군목님이 토요일에 나를 고아원에서 차에 태우고 부대에 도착하면 주일 예배 후 월요일 아침에 신촌 캠퍼스까지 나를 데려다 주셨다. 그리고 크리스마스가 되면 지프차에 아이들에게 줄 선물을 가득 싣고 나와 함께 여러 마을을 방문하여 전도 설교를 하시고 끝나면 선물들을 나누어 주셨다. 그분의 설교를 통역하는 동안 나의 영어는 많은 진전이 있을 수밖에 없었다. 그분이 내 학비도 해결하여 주셨다.

   당시에 미국에 유학을 가려면 교육부에서 주관하는 영어와 국사 시험에 합격하여야 가능하였다. 결혼을 하고 시험에 합격한 사람도 본인만 유학을 갈 수 있었던 때이었다. 만주의 시골에서 온 사람에게 있어서 이것은 결코 넘을 수 없는 태산이 아니었겠는가! 그런데 이 시험에 당당하게 합격하여 유학의 길에 오르게 되었으니 이 모두 주님께서 나를 고아원에 보내셔서 준비시킨 은혜로 가능한 것이 아니고 무엇이었겠는가! 어린 다윗이 목동으로서의 훈련을 충실하게 감당하게 하신 하나님을 찬양한다.

유학 시절의 교훈

직계

다윗이 하나님께서 "자기 이름을 위하여 의의 길로 인도"(3절) 하신다고 한 말씀에는 우리가 하나님의 직계라는 깊은 뜻이 함축되었다고 나는 이해하고 싶다. 그 이유는 하나님께서 자기의 영광과 성도의 행위를 묶으셨기 때문이다. 하나님께서 아담과 하와를 창조하시고 이렇게 그들에게 직접 말씀하셨다.

> **창세기 2:27-28** "[27]하나님이 자기 형상 곧 하나님의 형상대로 사람을 창조하시되 남자와 여자를 창조하시고 [28]… 생육하고 번성하여 땅에 충만하라, 땅을 정복하라, 바다의 물고기와 하늘의 새와 땅에 움직이는 모든 생물을 다스리라 하시니라"

그리고 마태복음 5:16에서는 "이와 같이 너희 빛이 사람 앞에 비치게 하여 그들로 너희 착한 행실을 보고 하늘에 계신 너희 아버지께 영광을 돌리게 하라"라고 말씀하셨다. 우리는 우리의 행동이 감히 하나님께 영광을 돌릴 수 있는 영예로운 존재인 동시에 떨리는 책임감을 느끼지 않을 수 없게 된다. 하나님의 원수가 되었던 우리가 예수 그리스도의 보혈의 공로로 하나님의 직계 자녀가 되었으니 이것을 성경은 은혜로 된 것이라고 가르쳐 준다.

나는 해방 이후에 귀국한 이래 한 번도 내 서재를 가져본 적이 없이 항상 남의 집에 얹혀서 자랐다. 부산 피난 시절에는 부모님이 어느 단체의 취사를 담당하셔서 나는 직원들의 숙소에 끼어 지낸 일도 있었다. 어린 마음에 친구들에게 늘 미안한 마음이 들었다. 나는 그들의 집에 가서 그들의 어머님이 준비하여 주신 애찬을 대접받았지만 나는 그들을 대접할 수 없었기 때문이다. 물론 고모님 가정의 도움이 없었더라면 오늘의 내가 될 수 없었다는 것을 알고 감사하게 생각한다. 중고등 학교 시절을 이렇게 고모님 댁에서 도움을 받고 살았다.

부산 피난 시절에 있었던 일이다. 어느 여름 주말에 식구들이 피서를 하러 해운대 해수욕장에 가게 되었다. 그런데 나에게는 "너는 남아서 집을 지켜라"라고 하는 것이 아니겠는가! 고등학생이었던 나는 그때 내가 직계가 아니어서 그렇구나 하며 큰 상처를 받은 일이 있었다.

유학 시절에 있었던 일이다. 하나님의 은혜로 1962년에 유학을 가게 되었다. 그때에는 미화 100불만 가지고 가도록 제한이 되었으므로 생활 능력이 부족하고 외부의 경제적 후원도 없어 어려움을 겪었다. 따라서 어느 목사님 가정과 장로님 가정에 유하며 도움을 많이 받았다. 특히 장로님 가정에서는 나에게 숙식뿐 아니라 박사 과정 이수중인 나를 매일 조석으로 기차역까지 차편으로 데려다 주셨다. 그리고 내가 피로하여 보이면 캐나다 나이아가라 폭포로 같이 가주시고 더욱이 한번은 뉴욕 메트로폴리탄 오페라 하우스에서 푸치니 오페라 '투란도트'를 관람할 수 있도록 배려하여 주시기도 하셨다. 차로 두 시간 이상 가는 거리인데도 표를 예매하셔서 이 일이 가능하였다.

나는 그 가정에서 배운 점이 많다. 한 달에 한 번은 저녁식사를 자녀들이 스스로 해결하도록 하고 두 분은 식당에 가셔서 음식을 드시며 조용한 시간을 가지시곤 하셨다. 가정에 어려운 문제도 있었다. 어떤 이유에서인지 어머니와 자녀들이 합세하여 사사건건 아버지를 대항하는 일이 발생한 것이다. 그런데 아버지가 직장에서 해고되자 아버지를 측은하게 여겨 모두 아버지를 위로하고 애정을 보여 가정이 오히려 신앙으로 화목하게 되는 전화위복의 결과도 맞이한 것이다. 그리고 어느 주일이었는데 차의 속도를 내지 않으면 예배 시간에 당도하지 못할 것 같았다. 그래서 나는 장로님께 차를 좀 더 빨리 운전하여 가자고 독촉하였다. 그때 장로님은 나에게 "제한 속도가 얼마이지요?"라고 물으셨다. 신학생인 나는 그동안의 나의 그릇된 사고방식을 재고하게 되었다. 믿음이라는 명목으로 법은 무시하여도 괜찮다는 사고방식 말이다!

두 분은 나의 믿음의 부모와 같았다. 노후에 두 분은 펜실베이니아 주의 쾌리빌에 있는 양로원에 계셨는데 장로님이 먼저 소천하시고 사모님은 그곳에 더 계셨다. 나는 귀국 후에 미국에 갈 기회가 있을 때마다 사모님을 방문하고 감사의 표시로 용돈을 드리곤 하였다. 거기에는 고 한부선 선교사님과 나의 은사이셨던 래어드 해리스(R. Laird Harris) 박사님도 계셨다.

　　한번은 사모님의 생신일을 기억하여 그 요양원에 전화를 드리기로 하였다. 사모님이 얼마나 기뻐하실까 하는 설레는 마음으로 전화를 하였는데 전화를 받은 분으로부터 그런 사람이 그곳에 없다는 말을 듣게 되었다. 내가 그곳에 여러 번 방문한 일과 내가 그분의 가정에서 많은 신세를 졌다는 사실을 알리며 간절한 마음으로 도움을 청하였다. 거주자 개인의 신상 문제를 타인에게 알리는 것은 규칙에 어긋난다고 거절한 것인데, 그제야 말하기를 "그분은 세상을 떠났습니다"라고 나에게 알려주었다. 나는 그것이 언제이었냐고 묻자 꽤 오래 지난 일이라고 하였다. 나는 큰 충격을 받았다. 사모님의 자녀들이 왜 그와 같이 엄청난 사실을 나에게 알려주지 않은 것인가? 그때 나는 직계가 아니었기 때문이라는 사실을 뼈아프게 깨달았다. 직계인 사람은 그가 그때에 세계의 어느 곳에 있다고 하여도 곧 그에게 알리고 그가 참석할 수 있는 날을 고려하여 입관 예배와 하관 예배 일정을 조정하였을 것이 아닌가! 내가 하나님의 직계임을 감사하며 이 사실을 항상 마음 깊이 간직하고 있다.

기다림

나는 "내 평생에 선하심과 인자하심이 반드시 나를 따르리니"(6절)라는 말씀의 배후에는 기다림이라는 개념이 내포되었다고 이해하고 싶다. 탕자는 아버지를 떠나서 방탕한 생활을 하는 동안 내내 아마도 아버지를 한 번도 생각하여 본 일이 없었을 것이다. 그러나 이와는 정반대로 아버지는 그 후 한순간도 그 아들을 잊은 적이 없이 줄곧 그가 돌아오기를 기다리고 있었을 것이라고 여겨진다. 다시 말하자면 아버지의 기다림은 아들이 떠난 후부터 그가 돌아오던 그날까지 계속되었다는 것이다. 그러기에, 돌아온 아들을 맞이하는 아버지를 그린 렘브란트의 그림에는 아버지의 눈시울이 붉거진 모습이 드러나 있다고 한다.

내가 다닐 신학교에 개강이 된 시점에 도착한 나는 긴 여독으로 인하여 강의 시간에는 무척 졸렸고 밤에는 잠이 오지 않아 몇 주 동안은 매우 힘이 들었다. 그 신학교에서는 오전 강의와 경건회가 끝나면 학생들이 모두 우편함으로 달려가서 우편물을 살핀다. 다른 학우들은 편지를 받고 희색이 만연한데 나는 그렇지가 못하였다. 하루 이틀 아니 한 주 두 주가 지나도 편지 한 통이 오지 않은 것이다. 홀로 계시는 어머니로부터의 소식을 아무리 기다려도 아무 소식도 없었다. 물론 당시 한국에서는 외국에 항공엽서를 보낸다는 것이 흔한 일은 아니었다. 나는 생전 처음으로 기다림이 그렇게 고통스럽다는 사실을 뼈아프게 체험하였다.

특별히 주말이 되면 기숙사에 홀로 남았다. 만날 사람이 없고 더욱이 나를 초대하는 사람이나 갈 곳도 없는데다가 자가용이 없으니 교통도 불편하여 너무 힘들어 귀국할 생각까지 들게 되었다. 그리하여 한국에 계시는 알 스넬러 선교사님께 편지로 나의 어려움을 호소하였다. 그러자 선교사님이 학교 부근에 있는 교회들과 교우들에게 연결시켜 주셔서 그 후로는 주말에 여러 교회를 방문하며 성도들과 귀한 교제를 갖게 되었다. 여러 유형의 기다림으로 인한 아픔과 고통을 겪은 분들은 그것이 얼마나 견디기 어려운지를 이해할 것이다.

다윗이 "선하심과 인자하심이 나를 따를 것이다"라고 한 말은 이 일이 그때에 비로소 시작하여 앞으로 그를 따를 것이라는 의미는 아닐 것이다. 목자이신 여호와께서는 이미 그에 대한 이러한 마음을 품고 계셨고 또한 지금까지 그렇게 하여 주셨고 앞으로도 그렇게 하실 것이다. 그것이 언제부터이었겠는가? 다윗 자신의 고백에 의하면 여호와께서 다윗을 세상에 보내려고 예정하신 그때부터이었다고 보아야 할 것이 아니겠는가? 다윗도 이전에 여호와의 인자하심에 대하여 종종 언급한 바가 있다. 성경은 여러 곳에서 하나님은 오래 참으시는 분이시라고 우리에게 알려준다. 그렇지 않으시다면 우리가 이 속된 세상에서 어떻게 신앙을 유지할 수 있겠는가?

나의 나 된 것

고아원에 찾아오신 주님

나는 고아원에서 일하던 대학교 3학년 때의 부활절에 일생의 중대한 전환점을 맞이하였다. 그때에도 부활절인지라 통상적으로 하던 대로 나의 죄를 대신하여 십자가에서 죽으시고 부활하신 주님의 고난과 은혜를 생각하며 회개하며 감사의 예배를 드렸다. 하지만 이번에는 달랐다. 주님께서 천한 나를 만나주시고 그 속죄의 고난과 사망 권세를 이기신 부활의 진정한 의미를 깨닫게 하여 주셨다. 중생의 체험을 한 것이다! 나의 죄에 대하여 경험하지 못한 아픔과 회개 그리고 주님의 은혜에 대한 감사와 기쁨으로 터질 것 같은 벅찬 가슴으로 심장마비가 올 것 같기도 하였다.

우선 실제적으로 주님이 천하고 전망이 없는 나를 이렇게도 귀하고 가치 있게 여겨주시다니! 나는 아무리 생각하여도 주님의 은혜에 미미하게라도 보답할 길이 없었다. 나는 가정적으로, 경제적으로도 그렇고, 개인적으로도 명석한 두뇌의 소유자도 아니고, 특별한 재능의 소유자도 아닌 고아원에서 아무런 비전이나 전망도 없으며 학업 성적도 하위권인 존재이었다. 그러던 나의 생각과 말 그리고 행동이 완전히 변한 것이다. 부모님도 나의 이러한 변화에 놀라셨다.

나는 당시 유행하던 철야 기도회에 단골 참석자가 되었다. 나에게 있어서 철야는 문자 그대로 자지 않고 밤을 새우는 것이었다. 기도와 찬송 그리고 성경 말씀 읽는 것으로 밤을 새웠고 주위에서 잠자는 분들을 깨우기까지 하였다. 관악산 기도원의 굴에 들어가 금식기도를 한 적도 있었다. 나의 잘못을 진정으로 뉘우치며 전에 나와 다툰 일이 있는 학우들을 찾아가 용서를 받기도 하였다. 여하간 주님을 위하여 살리라는 결단과 함께 학업 성적표에도 상향 곡선이 그려지기 시작하였다. 일단 삶의 목적과 목표가 확고하여지니 주님께서 나를 위하여 예비하신 앞길이 열리기 시작한 것이다.

처음에는 내가 어떻게 하면 주님의 은혜를 조금이라도 보답할까 하는 것에 치중하다보니 해답을 얻을 길이 없었다. 그러다가 나는 주님이 기뻐하시는 것이 무엇일까를 생각하게 되는 올바른

궤도에 오르게 되었는데 이것은 분명 성령님이 역사하신 증거이었다. 바로 그때 어머니가 찾아오셨다. 부모님은 고아원에 속한 경기도에 있는 과수원을 관리하는 일을 맡으셨다. 어머니가 하시는 말씀은 이러하였다. 서울에 있는 어느 큰 교회가 지금까지는 천막에서 예배를 드렸으나 지금은 교회가 부흥되어 새 예배당을 지으려고 하는데 사찰이 필요하다는 소식을 강지순 장로님과 장덕순 권사님께서 전해 주셨다. 바로 그때 나는 이것이야말로 주님이 기뻐하시는 일이라는 확신과 기쁨에 사로잡혔다. 주님의 교회를 섬기는 일이 바로 주님을 기쁘시게 하는 일이라는 깨달음은 성령님의 은혜로만 가능한 것이다. 그래서 나는 어머니의 말씀에 순종하려고 마음을 정하였다.

그때가 1955년 가을이었다. 사찰의 집이란 부엌이 달린 수위실을 말한다. 도착하니 건축 공사가 시작한 지 얼마 되지 않아 토요일 오후가 되면 본당의 좌석들 위에 석회 가루가 쌓여 있어서 일을 힘들게 하였다. 겨울에는 청소용 걸레가 얼어서 얼음을 깨야 작업이 가능하였다. 여러 회의실들에 난로를 피우는 일, 그리고 새벽기도회를 위하여 방석을 깔고 신주머니를 준비하는 일 그리고 대문을 열고 닫는 일, 주보를 접는 일 등등 할 일이 태산과 같았다. 당시에는 밤 12시에 통행금지 사이렌이 울리는데 교회 근처에 사시는 분들은 그제야 집으로 가신다. 그리고 새벽기도회 시간 이

전에 대문을 두드리는 분들도 있었다. 잠이 오지 않아서 그렇다는 것이다. 사찰도 잠을 자야 하는데 말이다. 이처럼 만만치 않은 일들이 산적하였으나 나는 늘 '내일 죽어도 좋으니 오늘 일을 잘 감당하게 하여 주옵소서'라고 기도를 드렸다.

한 번도 부끄러워하거나 힘들다고 생각한 적이 없었다. 이런 일들 이외에도 교회가 부흥하는 초기이었기에 사역자들이 부족하여 사찰의 아들인 내가 여러 부서의 일들을 감당하였다. 그로 인하여 내가 감당하여야 할 사찰의 일을 동료 교사님들이나 여러 교우님들이 도와주셨다. 어느 날 부흥사경회 강사 목사님이 하신 말씀이 기억난다. 설교 도중에 이런 말씀을 하셨다. 어느 담임 목사님이 천국에 갔는데 놀란 것은 교회 사찰이 예수님 옆에 앉아있더라는 것이다. 그래서 목사님이 "예수님 저는 이렇게 멀리 떨어져 있는데 어떻게 저 사찰이 주님 옆에 앉을 수 있습니까?"라고 불평을 하자, 예수님의 말씀이 "이 사찰은 나를 위하여 참으로 수고를 많이 하였기 때문이다"라고 하셨다는 것이다. 나는 흐르는 눈물을 금할 수가 없었다. 예수님께서 사찰을 그렇게 귀하게 여기시는구나! 크리스천은 시편 27:4와 시편 84:10의 말씀을 애독한다.

시편 27:4 "내가 여호와께 바라는 한 가지 일 그것을 구하리니 곧 내가 내 평생에 여호와의 집에 살면서 여호와의 아름다움을

바라보며 그의 성전에서 사모하는 그것이라"(다윗의 시)

시편 84:10 "주의 궁전에서의 한 날이 다른 곳에서의 천날보다 나은즉 악인의 장막에 사는 것보다 내 하나님의 성전 문지기로 있는 것이 좋사오니"

그러나 만일 내가 말하기를 누구든지 사찰의 일을 하지 않은 사람은 이런 말을 입에 담을 자격이 없다고 한다면 과언이라고 할지도 모른다. 내가 이러한 삶의 과정들을 통과하며 깊이 깨달은 것 중의 하나는 하나님께서는 사람을 통하여 일하신다는 사실이다. 이것은 횡적 관계는 소홀히 여기고 종적 관계에만 치중하는 태도와는 전혀 다른 것이다. 그리고 나는 말단에서 일하는 사람들을 존중히 여기게 되었다. 사실 교회를 예로 들어 말하자면 그 교회가 행정과 재정 집행에 있어서 강단에서 선포되는 말씀과 일치하는가에 대한 평가는 그 누구보다 실무를 담당한 사무직원들이 더 잘 알 것이라고 생각되기 때문이다.

지금 생각하면 놀라운 일이지만, 오늘날에는 일반적으로 도시 교회들에서 담임목사님은 교회 밖의 사택에 거하시는 것으로 안다. 따라서 교회 사찰이 어떤 자세로 사역을 하는지 살피지 못하고 또 그럴 필요도 없을 것이다. 그런데 놀랍고 감사한 것은 그때에 담임목사님(당시에는 조사)은 교회 뜰 안에 사셨다는 사실이다.

그래서 목사님이 나를 유심히 보실 수 있으셨던 것이리라! 이것도 주님께서 그렇게 하신 것으로 확신한다. 조심스럽게 말하지만, 내 생각에는 목사님이 보실 때에 이 젊은 대학생이 늙은 부모님을 모시고 사찰 일을 기쁘게 감당하고 있다고 여겨 나를 목회자로 키우기로 작정하신 것으로 이해된다.

대학 졸업반이었던 어느 토요일에 일어난 일이었다. 오전 학업을 마치고 학우들은 결혼식에 갔으나 나는 전과 같이 곧바로 집으로 돌아왔다. 잠시 책상에 앉아 있을 때에 아버지가 방에 들어와 누우시면서 담요를 덮어달라고 하셨다. 그렇게 해드리고 잠시 후에 이상한 소리가 나서 담요를 쳐들어 보니 아버지가 심장마비로 돌아가신 것이다. 40년 동안의 초등학교 교장직을 은퇴하시고 귀국하신 분이 건축 공사의 뒷바라지 일을 맡아 하는 것과 노동자들의 거칠고 무례한 언행들을 감당하실 수가 없으셨던 것이다. 나는 아버지가 유언의 말씀 한마디도 없이 가신 것, 더욱이 몇 개월만 더 사셨으면 아들의 졸업식에 참석하셨을 것인데 하는 생각에 너무나 안타까웠다.

한 가지 더 영적으로 교훈을 받은 것이 있다. 그것은 다름이 아닌 은혜를 받아 새 사람이 되었다는 아들인 내가 아버지가 노년에 그런 고생을 하시는데도 그분께 감사함과 위로의 말씀을 드리지 못하였다는 점이다. 그리고 소위 은혜를 많이 받았다는 신자가 초

신자나 믿음이 약한 교우들을 이해하여 주지 못하고 오히려 그들에게 상처를 줄 수 있다는 사실을 깊이 깨닫게 되었다. 나는 아버지도 나처럼 지사충성하는 것이 마땅하다고 여겼던 것이 나의 잘못이었다. 순직하신 아버지의 장례식은 교회장으로 은혜롭게 마쳤다. 향년 칠십 세를 일기로 하고 주님의 품에 안기셨다. 얼마 전, 나를 늘 격려하여 주시는 구십이 넘으신 고마우신 지영실 권사님이 나에게 전하여 주신 말씀이 있다. 어머니가 하나님께서 아버지를 하늘로 데려가 주시라고 기도하셨다는 것이다. 아버지가 고생하시는 것이 얼마나 측은하셨으면 그런 기도를 올리셨을까 생각하니 나는 그때 너무나 철이 없었음을 깨닫고 마음이 아팠다.

나는 앞이 캄캄하여 어찌할 바를 몰랐다. 그때 김창인 목사님께서 당회 도중에 나를 부르셨다. 그리고 "윤 선생, 아버님이 세상을 떠났으니 이제 어떻게 하겠는지요?"라고 물으셨다. 나는 아무 생각 없이, "일을 하라고 하시면 열심히 하고 그만두라고 하시면 그만 두겠습니다"라고 말씀을 드렸다. 잠시 기다리라고 하시더니 장로님들과 의논을 하신 후에 이런 엄청난 말씀을 알려주셨다. 그 당시 성경학교 학생들이 교회에 모여 교육을 받고 있었다. 그래서 그 학생들 중에서 두 젊은이를 고용하여 사찰 일을 계속하라는 말씀이었다. 어찌 대형교회에 이런 일이 있을 수 있는가? 나를 키워주시려는 목사님과 당회원들의 고마운 마음 때문이었다. 나는 지금까지 그 두 분에게 고마움을 전하지 못하여 마음이 무겁다.

　대학을 졸업한 후 교회에서는 내가 신학교에서 공부하도록 허락하여 주었다. 교회가 속한 경기노회 내에서 나를 포함하여 두 사람이 신학교에 가게 되었는데 당시에는 이 사건이 노회의 모든 목사님들의 화두거리가 될 정도로 신학교 지망생이 적었다. 1957년 당시에는 충현교회가 고려교단 측에 속하였기 때문에 나는 부산 고려신학교에 입학하여 박윤선 목사님 밑에서 경건과 학문에 입문하게 되었는데 이 일도 목사님께서 충현교회에 요청하셔서 가능하였다. 재학 중에 목사님의 조교로 있으면서 목사님이 집필하실 때에 원하시는 자료들을 찾아드리곤 하였다. 2학년 1학기를 마치고 군에 입대하게 되어 2년 6개월의 복무를 마치고 제대하였다. 그때 고려측과 합동측이 연합하는 일이 발생하였다. 따라서 고려신학교는 자연적으로 교단의 분교가 되었다.

　그 후 잠시 서울 시내에 있는 어느 영어학원에서 미국인과 함께 영어 유치원반을 지도한 일이 있었다. 기업인들과 군 장성들의 자녀들이 대부분이었다. 어린이들에게 필요한 생활영어 사전도 만들어 주어 어린이들의 회화 실력이 날로 늘었고 또 종종 미8군 영내를 방문할 수 있어서 학부형들이 만족하여 하셨다. 그중의 어떤 학생은 후에 미국의 명문대학에 진학하였다는 소식을 들었다.

주님의 계획

솔직히 말해 중생의 체험을 한 이후 특히 사찰 일을 할 때에도 이 일을 마친 후에 내가 어떻게 하리라는 계획이 전혀 없었고 모든 것을 주님께 의탁하고 현실에 만족하고 있었다. 명실공히 나는 주님의 소유였으니 말이다. 그러던 어느 날 기대하지도 아니한 항공우편 한 통이 미국에서 나에게 전달되었다. 무심코 열어 보니 이게 웬 일인가! "우리 신학교에 와서 공부하기 바랍니다"라는 초청장이었다. 나는 그 편지를 받고서야 아! 하나님께서 나를 이곳에 사찰로 보내신 뜻이 여기에 있으셨구나 하는 것을 깨닫게 되었다. 지금도 나는 종종 말한다. 주님의 이러한 계획은 사탄도 몰랐을 것이라고! 신학 수업의 남은 학기들은 미국에서 마치게 되는데, 한국에서 받은 신학교 성적 증명서는 분교가 된 고신이 아닌 총신에서 발급받았다.

나는 미국에 유학 갈 때에 TWA의 항공료를 감당할 수 없어서 그보다 가격이 3분의 1밖에 안 되는 시애틀로 가는 8,000톤 상선을 택하였다. 미국 입국 비자를 발급받는 일도 지금은 고인이 되신 교회의 고마우신 문임택 집사님과 임현복 권사님의 재정 보증이 있어서 가능하였다. 고 이현실 권사님은 초기부터 소천하시기 전까지 나에게 많은 도움을 주셨다. 그리고 나는 생전 처음으로 영어 유치원 학부모님들이 마련하여 준 양복 한 벌을 입고 또 구두 한 켤레도 맞춰 신어보았다. 그전에는 늘 구제품들을 줄여서 입고 다녔다. 그럼에도 나는 주님을 내 마음에 모시니 늘 기쁘고 만족하였다. 그 상선은 시애틀에서 곡물을 적재하고 돌아온다고 하였다. 큰 상선은 1주일이면 시애틀에 입항한다는데 이 배는 빈 배이었고 더욱이 겨울이라서 거센 파도를 피하며 2주일 후에야 그곳에 도착할 수 있었다. 승객은 나 혼자이었는데 후식이라고는 배가 흔들려 이리저리 식탁 위에서 굴러다니는 사과 한 알뿐이었다.

시애틀 항구에 도착한 것은 크리스마스 전날인 토요일이어서 나는 그곳 근무자에게 인근 교회로 안내하여 줄 것을 부탁하였다. 그 교회에서 나를 친절히 맞아주어 저녁 축하 모임에 참석한 것이다. 교인들이 음료수와 다과를 받으려고 줄을 서 있던 때이었다. 드디어 나의 차례가 되었는데 어느 몸집이 큰 여성도가 손에 처음 보는 그릇을 든 채 "펀치를 원하는가?"라고 묻는 것이 아닌가. 나는 영어를 제법 구사한다고 생각하고 있었는데 이런 질문을 받으니 난처하여졌다. 한국에서는 아직 '펀치'라는 음료수가 알려지지 않았고 그 용어는 권투시합 때에 주로 쓰였기 때문이었다. 나는 과연 영어란 웃으며 들어가서 울고 나오는 언어라는 것을 실감하였다. 감사하게도 토요일 밤과 주일 밤을 그 교회 목사님 댁에서 머물고 월요일 아침에 필라델피아까지 버스로 가는 도중에 오리건

주의 코발리스에 계시는 부산에서 선교사로 수고하시고 은퇴하신 한선(M. Hanson) 선교사님 댁에 잠시 들렸다.

유학을 떠나기 전에 잠시 나에게 어려운 일이 발생하였다. 당시에 김창인 조사님은 아직 안수를 받지 못하셨으므로 어느 목사님이 임시 당회장으로 수고하셨다. 그분은 월남하실 때에 사모님과 같이 오시지 못하셨다. 그런데 그분이 미국 유학을 마치고 귀국 길에 일본에 들려서 사모님이 별세하셨다는 사실을 확인하였다고 하여 재혼하셨다. 이로 인하여 교회에서는 이 처사를 그분의 신앙이 변질된 것으로 판단하게 된 것이다. 따라서 김 목사님은 내가 미국에 가면 역시 변질될 위험이 있으니 유학을 포기하라는 말씀을 하셨다. 그러나 나는 주님의 인도하심이 너무나 확실하여 그 뜻을 따를 수가 없었다. 담임목사님의 뜻을 어기니 온 교회가 나를 냉대하는 것이 아니겠는가!

나는 사표를 제출하고 7년 동안 살던 수위실을 떠나게 되었다. 나의 소유라고는 성경책과 찬송가 그리고 옷 몇 가지뿐이었고 그것들을 손수레에 담았는데 내가 그것을 끌었는지 다른 사람의 도움을 받았는지는 기억이 나지 않는다. 나를 전송하여 주신 분은 교회 뜰 안에 거주하시던 여전도사님 한 분뿐이셨다. 나와 어머니는 이모님 댁으로 옮겨갔다. 지금도 그때 일을 회고하여보면 인간적으로는 비참하여 보였다. 그러나 나의 마음은 소망으로 가득 찼었다. 얼마 후 내가 유학 시험에 합격한 사실을 목사님께 전하여 드렸더니 곧 저녁 예배 시간에 찬송을 인도하라고 말씀하셨다. 나는 김 목사님을 잘 안다. 그분은 자신이 어떤 일을 결정한 후에라도 상대방의 길이 주님의 인도에 의하여 순탄하게 열리면 곧바로 생각을 바꾸신다.

내가 부산항에서 출국하기 때문에 서울역 플랫폼에서 송별 모임을 갖게 되었다. 어머니를 위시하여 나를 키워주신 김창인 목사님, 김연순 여전도사님과 이명달 여전도사님, 장로님 그리고 권사님 등 고마운 여러분들이 나와 주셨다. 교회의 여러분께서 개별적으로 나의 학비로 사용하라고 하시며 도움을 주셨다. 열차는 떠나는데 나는 아버지도 소천을 하셨고 외아들인 아들을 이국으로 보내고 자신의 집도 없이 계실 어머니를 생각하니 눈물이 앞을 가려 어머니의 얼굴을 끝까지 바라볼 수가 없었다.

"내 잔이 넘치나이다"

장모님의 유언

　나는 미국 유학 시절 필라델피아 인근의 소도시에 위치한 랜즈데일 개혁 장로교회(Lansdale Reformed Church)에서 성가대원으로 봉사한 일이 있다. 그 성가대에서 남성 대원은 나 혼자이었다. 그래서 베이스 파트를 맡은 목사님이 성가대가 부를 곡명을 소개하고 내 옆에 서시면 그제야 찬양이 시작되었는데 특별한 절기에는 칸타타도 거뜬히 감당하였다. 그래서 내가 교회에서 꽤 인기가 있었던 같다. 박사 과정에 있었고 특히 미국의 교육 제도에 비하면 비교적 늦은 연령에 속한 나에게 여러 셈족 언어들을 다루기에 늘 시간에 쫓기었다. 게다가 미국 교회에 출석하는데다가 한국인을 만날 기회가 없어 결혼할 연령이 늦어 가고 있었다.

　내 아내 이귀자는 아버지 이용국과 어머니 함병주의 차녀로 태어났는데 나보다 3년 후인 1965년에 유학생 비자로 미국에 왔다. 대학원에서 음악을 전공하는 아내도 사정은 마찬가지였다. 그러던 어느 날 어머니로부터 편지가 왔다. 어머니는 잘 아는 함병주 권사님을 만나서 이야기를 나누며 서로 자녀의 혼기에 대하여 염려하던 중 우리 두 사람을 서로 만나게 하자는 합의를 보았다고 하신다. 어머니가 만나 보라고 하는 대상이 현재 미국에 있고 또 내가 좋아하는 음악 전공이라서 그렇게 하겠다고 회답을 올렸다. 아내 편에서도 어머니가 늘 목사 사위를 원하셨는데 목사가 될 사람이라고 하시며 나를 만나라고 하시니 만나려고 한 것이다. 그런 편지를 보내시고 불행하게도 아내의 어머님은 교통사고로 소천하시는 사건이 발생하였다. 아내는 이것이 어머님의 유언이라고 받아들이게 된 것이다.

이렇게 하여서 우리의 결혼은 속도를 내어 이루어졌던 것이다. 감사하게도 교회의 존 클라크 목사님이 주례를 맡아주시고 또한 유학생인 우리 두 사람을 위하여 웨딩케이크뿐 아니라 웨딩 파티까지 준비하여 주셨다. 유학생이었던 정대현(현 이화여대 명예교수) 교수님이 들러리를 서 주셨다. 그리고 나보다 먼저 결혼한 박형용 교수님이 참석하여 결혼식을 더욱 빛나게 하여 주었다. 이렇게 우리는 드디어 가정을 이루게 된 것이다.

내가 어려운 환경에서 자랐지만 아내도 어릴 때에 이북에서 사선을 넘어 남한으로 왔기 때문에 미국에서 우리 두 사람의 결혼생활은 경제적으로 어려움이 많았다. 당시의 상황은 오늘날의 사고방식으로는 이해하기 어렵다고 하여야 할 것이다. 그것은 주님만을 의지해야 한다는 신앙 자세이다. 충현교회에서 나를 미국에 유학을 보내고 나의 형편을 너무나 잘 아는 까닭에 으레 장학금을 보내야 하지 않았겠는가라는 것이 오늘날의 이해이리라! 하지만 나도 마찬가지로 교회에 장학금을 요청할 생각을 전혀 하지 못했던 것이다. 내 생각에는 내가 주님을 전적으로 의지해야지 교회를 의존하는 것은 믿음이 약한 것이라고 여겼다. 교회도 이와 동일한 생각을 하였을 것으로 안다. 따라서 교회의 도움이 없는 것을 전혀 섭섭하게 생각하지 않았다.

첫 딸 에스더가 태어난 이후 경제적으로 매우 어려운 때인 성탄절에 목사님으로부터 속히 공부를 마치고 귀국하기를 바란다는 카드를 받게 되면 마음이 착잡하였던 것이 사실이다. 아내는 대학에서 강의조교(T.A.)로 받는 약간의 수입과 내가 그 대학교의 도서관에서 히브리어와 아랍어 신문들을 관리하는 임시직으로 받는 수입으로 힘들게 생활을 꾸려가고 있었다. 오래 전의 일이다. 어느 날 유학을 마친 제자가 미국에서 나에게 편지를 보내왔다. 유학 생활로 어려울 때에는 아무런 관심을 보이지 않다가 학위를 받으니 너도나도 오라고 한다는 내용으로 장장 여러 쪽에 달하는 글이었는데 오죽하면 그러했겠는가! 한국 교회가 인재를 키우는 데에 더욱 관심을 가지고 후원하여야 한다는 사실을 깨닫는 계기가 되었다.

나의 유학시절

카버난트 신학교(Covenant Seminary)를 졸업하고 나는 레어드 해리스 교수님의 추천으로 드랍시 대학교 박사과정(Fellow)에 입학하게 되었다. 나는 재학 중이었던 1967-1968년에 유학생 비자로 이스라엘의 히브리 대학교에 있었다. 그때가 이스라엘과 이집트 간의 6일 전쟁이 끝난 직후이어서 학교 캠퍼스에는 M1총을 어깨에 멘 학생들도 눈에 띄었다. 그리고 치안 문제가 심각하여 여리고를 위시한 몇몇 지역은 일반인의 통행이 금지되었고 시내산 관광도 군인의 호송을 받아야 가능하였다. 예루살렘에는 한국의 모 신문사에서 전쟁 취재 차 오신 기자 한 분 이외에는 없었다. 나는 현대 히브리어 고급반 코스를 마치고 장기 자랑 시간에 세 유대인 학생과 시편 23편을 노래하였다. 그리고 2인용 기숙사 생활을 하였는데 룸메이트는 박사과정 이수 중인 이스라엘 학생이었다. 그는 놀랍게도 이스라엘에서 태어나면 자동적으로 유대교인이 되어야 한다고 강요하면 안 된다는 입장을 견지하고 있었다.

어느 날 대화하는 중에 나는 그에게 이런 말을 하였다. 당신들은 종교 문제로 인하여 나치에게 학살을 당하기까지 하였는데 왜 기독교를 박해하느냐고 질문하였다. 그는 나에게 그것은 잘못이라고 하며 당신과 같은 사람이 이스라엘에 살아야 한다고 하였다.

그리고는 "당신은 성공할 것입니다"(*아타 타쯜리아흐*)라고 말하는 것이 아니겠는가! 나는 그때 시편 1:3의 "그가 하는 모든 일이 다 형통하리로다"는 말씀이 떠올랐다. "성공하다"와 "형통하다" 그리고 "감동하다"(삼상 16:13)는 같은 단어(*짤라흐*)이기 때문이었다. 타인에 대한 격려의 말이 이렇게 귀함을 깨달았다. 성탄절과 부활절에는 교회에 와서 축하하는 유대인들도 적지 않았다.

한번은 정육점에 들렸는데 우편에는 유대인이 먹는 코셜 고기 그리고 좌편에는 아랍인이나 비유대인이 먹는 돼지고기가 진열되어 있었다. 우편에 있던 어떤 사람이 좌편을 가리키며 "저기 있는 고기를 주세요"라고 주문하는 것을 보기도 하였다. 어느 주말에 몇몇 학생들과 남쪽 따스한 에시온게벨에 다녀온 일이 있었다. 안식일인 토요일이 되자 그들은 자기들의 지갑을 나에게 맡겼다. 크리스천은 정직하다는 사실을 그들이 인정한다는 데에 내 마음이 뿌듯하였다.

미국으로 돌아오기 전에 모쉐 헬드 교수님의 부모님을 찾아뵙고 인사를 드렸는데 이 사실을 아신 교수님이 매우 기뻐하셨다. 어느 날 교수님께서 댁으로 제자들을 저녁 식사에 초청하신 일이 있었다. 그 식탁에는 랍비들과 목사들이 동석하였다. 나는 식전 기도를 누가 하게 될 것인가에 촉각을 곤두세웠는데 교수님께서 놀랍게도 옆에 앉은 목사에게 기도를 부탁하시는 것이 아니겠는가? 그런데 그 목사님이 "메시아의 이름으로 기도드립니다"라고 하자 모두 이구동성으로 "아멘"으로 화답하였다. 유학생이었던 나에게는 평생 잊을 수 없는 경험이었다.

학업 지속이 어렵게 된 사건이 발생하였다. 내가 수학하던 드랍시 대학교(Dropsie University)가 폐교하게 된 것이다. 나의 은사이셨던 모쉐 헬드(Moshe Held) 교수님 밑에서 종합 시험도 마친 때이었다. 교수님은 내가 아카드어를 전공하기를 원하셨으나 한국에는 그런 학과가 없다고 이해를 구하고 부전공으로 남았다. 교수님은 제자가 4–5년 동안 가르침을 받고 종합 시험을 마친 후에야 박사학위 논문을 시작하게 하셔서 시간이 많이 요구되었다. 교수님은 컬럼비아 대학교로 가게 되셨고 다른 교수님들도 학교를 떠나셨다.

교수님이 떠나시기 전에 내 나이를 물으신 일이 있으셨다. 그때 나는 이미 30대 중반이었다. 안타깝게도 교수님은 그 대학에서 향년 60세에 별세하셨다.[8] 교수님에 대한 일화가 있다. 그분의 스승이셨던 윌리엄 올브라이트(W. F. Albright)가 노년에 맞이한 생신을 축하하기 위하여 세계 각국에 흩어졌던 제자들이 한 자리에 모였다. 축사는 헬드 교수님과 하버드 대학교의 후랭크 크로스(F. M.

---

8 S. J. Liebman, "Moshe Held(1928-1984)," *JQR* 76, No 1 (July 1985): 1-3.

Cross) 교수가 맡았는데 헬드 교수님은 축사를 아카드어로 하셨다. 그러자 잠시 후에 스승 올브라이트는 축사한 원고를 보시며 "여기는 이렇게 하는 것이 어떠하겠는가"라고 말씀하셨다는 것이다.

이스라엘에서 연구를 마치고 미국으로 돌아오는 길에 독일 슈베비쉬할에 있는 괴테 어학원에서 독일어를 그리고 파리에 있는 알리앙스 프랑세즈에서 불어를 연마할 기회가 주어져서 연구 활동에 큰 도움이 되었다. 현대 헬라어를 배우기 위하여 잠시 아테네에 머물면서 학원(希美學院)에 등록한 적이 있었다. 그곳에서 나의 무지함을 드러낸 몇 가지 일이 기억난다. 기차역에 도착하였을 때에 놀란 사실은 입구를 '에이서더스'로 그리고 출구는 '엑서더스'로 표시되어 있는 것이 아니겠는가! 여태까지 '출애굽'이라는 용어는 성경에서만 사용된 것으로 알고 있었는데… 여호와께서 아브라함에게 네 자손이 입(入)애굽하였다가 사백년 후에 출(出)애굽하리라고 약속하신 말씀이 떠오른다(창 15:13-14).

그리고 더욱 놀란 것은 초중고에서 어떤 교재를 사용하는지를 알기 위하여 어느 학교를 방문하였다. 본관 입구의 게시판에 열 가지 규율이 적혀 있었는데 그것이 곧 '데카로그'이었다. 열 가지의 내용은 "복도에서 뛰지 말 것", "선생님에게 인사할 것" 등등이었다. 내가 깨달은 것은 어느 국가나 기관이든 모두 법과 규율이 있다는 사실이다. 따라서 하나님께서 자신의 백성에게 "십계명"을 주신 것이다(출 34:28; 신 4:13; 10:4). 기스펜(W. H. Gispen)에 의하면, "십계명"(The Decalogue)이라는 학술적 명칭은 알렉산드리아의 클레멘트(Clement of Alexandria)가 처음 사용하였다.

나는 이제 다른 학교에서 새롭게 박사과정을 시작한다는 것은 거의 불가능하다고 판단을 내렸다. 당시의 분위기는 박사학위를 취득하지 못하면 귀국을 포기하는 것이 일반적이었다. 감사하게도 하나님께서는 나에게 이 문제를 어렵지 않게 결정하도록 인도하셨다. 나는 이제 공부를 할 만큼 하였으니, 한국에 돌아갔을 때에 나를 필요로 하는 곳에서 내가 일하고, 나를 필요로 하지 않는 곳에서는 일을 하지 않으면 되지 않겠는가라는 마음이 생겨 가벼운 마음으로 귀국을 결정할 수 있었다. 나는 항상 바울이 강조한 개인의 은사, 역량과 분수에 대한 귀한 교훈을 마음에 품고 있었다. 아내도 귀국하는 데에 동의하였다.

유학생 생활을 접고 귀국하려고 하니 여비가 문제이었다. 한국을 떠난 지가 10년이 넘은 나는 주님께 간절히 기도드렸다. 하나님, 이제 우리가 한국으로 돌아가려고 하는데 여비가 없습니다! 그 후에 아는 분들로부터 돈을 꾸었는데 주님께서 우리가 귀국하여 이를 갚을 수 있도록 길을 열어주셨다. 아내가 블루밍턴에 있는 인디애나 대학교(Indiana University) 음대 대학원에 재학 중이었는데 어느 날 서울외국인학교(Seoul Foreign School)의 R. 릭터 교장님이 찾아오셔서 면접하신 일이 있었다. 자신이 교사 임명 전권을 가지고 왔는데 음악교사로 와 달라는 요청을 하셔서 이를 수락하게 된 것이다. 그 후에 아내는 총신대학교의 초청을 받아 대학생들을 가르치게 되었고, 후에 이화여대 음대교수로 봉직하게 되었다. 아내가 2년 반 동안 외국인 학교에 근무하는 동안 우리는 미국에서 여비로 빌린 돈을 다 갚을 수 있었다.

나는 유학 생활 중 나의 어머니를 오랫동안 돌봐주신 두 분의 친척 곧 장경만 장로님 내외분과 김연기 목사님 내외분들을 늘 감사한 마음으로 기억하고 있다. 그리고 나를 늘 아껴주시던 충현교회의 최석주 장로님과 석혜자 권사님이 어머니를 잘 돌봐주셨고 또한 미국에 오셔서 얼마 동안 우리와 함께 계시도록 도와주셨다. 장로님은 소천하셨으나 나는 권사님과 그 자녀들과 지금까지 한 식구처럼 가까이 지내고 있다. 어머니가 미국에 잠시 계시면서 이국 정취를 즐기셨는데 더 오래 계시지 못하고 귀국하시게 되어 아쉬웠다.

귀국 후의 사역

1974년 드디어 한국에 돌아왔다. 사실 한국에서 나는 충현교회 이외에서는 학계에서나 교계에서 별로 알려진 인물이 아니었다. 최석주 장로님이 돈을 빌려주셔서 신촌에 새로 지은 집에 전세로 들게 되었다. 새 집이라서 겨울에 난방이 잘 되지 않아 한 돌이 지나 귀국한 딸의 건강에 큰 문제가 생겨 여기저기 옮겨 다녔기에 어려움이 많았다. 그러던 중에 1976년 어느 날 총신대의 김희보 학장님이 나에게 전화를 주셔서 학교에 와서 구약학을 가르쳐 달라고 하시는 것이 아니겠는가! 놀랍게도 그때에 어떤 이유에서인지 총신대에 구약교수가 공석이었다고 한다. 나는 이 제안에 즉답을 하지 않고 곧 김창인 목사님과 상의하였다. 목사님은 크게 기뻐하시면서 이 일을 당회에서 의논하여 교회에서 나의 교수 사례비를 대신 담당하기로 결정하게 되었다. 더욱이 내가 아파트에서 생활할 수 있도록 1,000만원을 마련하여 주시면서 학교를 떠날 때에는 그 금액을 학교에 바치라고 하셨다. 후에 나는 그 약속을 지켰다.

솔직히 나는 그 당시 학위가 없었을 뿐만 아니라 안수도 받지 못한 상태였다. 이 얼마나 놀랍고 감사한 일인가? 나는 종종 동료 교수님들에게 묻곤 한다. 지금도 그런 일이 있을 수 있겠는가라고. 지금은 세월이 다르다는 등 대답이 시원치 않으면 나는 그들의 믿음이 적다고 나무라곤 한다. 1976년 나는 감격에 넘쳐 강의에 임하였고 입학한 1학년 학생들은 선지학교에 보내주신 주님의 은혜에 감격하여 학업에 임하였다. 지금도 우리가 만나면 그때가 제일 좋았다고 입을 모은다. 신학교의 분위기도 은혜로웠다.

나는 1977년에 충현교회에서 새가정부를 맡아 10년 동안 지도하였다. 내가 알기에는 아마도 한국에서는 신혼부부를 위한 이러한 교육 제도는 처음이었다고 생각된다. 내 부서에 온 회원의 태아의 순산을 위하여 내가 주야로 기도할 수밖에 없었던 것은 이것은 사활이 걸린 일이기 때문이었다. 구약학 교수가 태아의 순산을 위하여 기도에 전념한 것이다. 출산율이 거의 100%이어서 매주일 출산떡, 백일떡 그리고 돌떡을 나누는 즐거움이 있었다. 저명한 강사님들을 모셔서 회원들이 여러 면으로 도움을 받았다. 그런데 한번은 특강 시간에 새가정부실이 만석이 되어 여러 사람들이 돌아가는 일이 있었다. 나는 종종 지인들에게 그 강의 제목이 무엇이었겠는가를 묻곤 하는데 정답을 제시하는 분이 거의 없었다. 그 주제는 고부 관계(姑婦關係)이었다!

새가정부를 지도한 지 6년째가 되던 해에 특기할 만한 일이 발생하였다. 우리 두 사람은 결혼을 늦게 하였으므로 있는 딸 하나로 만족히 여겨왔었는데 그때 둘째 딸 혜진이를 선물로 받게 된 것이다. 나는 50대 초반 그리고 아내는 40대 후반이었다. 주변 사람들이 이는 아브라함의 기적이라고들 말하였다. 어머니는 아버지가 이루시지 못한 목사 안수의 꿈을 아들이 이루었고 며느리와 또한 재롱을 부리는 손녀들과 함께 사셨다.

모두 어머님 덕분이었습니다!

　어머니는 얼마 동안 노환으로 고생하시던 중 더 넓은 아파트로 이사를 가시게 되었다. 새 집에 이사하던 그날 저녁에 나는 이삿짐을 대강 정리하고 밤에 어머니에게 감사의 말씀을 드렸다. 우리가 가정을 이루고 교수가 되고 자녀들을 선물로 받아 이렇게 좋은 곳으로 이사를 오게 된 것이 모두 어머니의 은덕으로 되었다는 말씀을 드리자 어머님은 흡족해하셨다. 그런데 아침에 깨어 어머니 방에 들어가 보니 그 사이에 어머니가 향년 90세를 일기로 파란만장하셨던 순례의 여정을 마치시고 그리던 본향으로 가신 것이 아닌가! 전날 밤에 드린 감사의 말씀이 '십일조 아들'이 드린 마지막이 된 것이다. 이제는 어머니가 아버지 그리고 아픈 가슴으로 천국으로 보냈던 아홉 자녀들을 만나서 더 이상 아픔과 이별이 없는 영원한 본향에서 함께 거하시게 되신 것이다. 어머니가 즐기실 기쁨은 욥이 그의 자녀와 즐길 그 기쁨에 못지않을 것이다.

　2000년 10월에 충현교회를 떠나게 되는 일이 발생하였다. 충현교회는 후임 담임목사 문제로 혼란을 겪고 있었다. 이 모두 성도들인 우리가 한마음이 되어 주님을 주인으로 섬기지 못하였기 때문이었다. 설상가상으로 후임 목사님이 원로 목사님을 배척하는 일이 발생하여 원로 목사님을 가까이하는 사람은 불이익을 당하게 되었다. 당시 교회의 장년층은 거의 모두가 김 목사님으로부터 유아세례, 학습세례, 결혼 주례 그리고 장로 안수를 받은 분들이었다고 하여도 과언이 아닐 것이다.

그런데 그렇게도 김창인 김창인 하며 열광하던 분들은 다 어디에 가고 이제는 극소수만 김 목사님을 가까이 하게 되었는가? 나는 교회야말로 의리가 없는 곳이라는 부정적 생각을 지울 수가 없었다. 보이는 인간에 대한 의리를 지키지 못하는 사람이 보이지 않는 하나님께 대한 의리를 지킬 수 있겠는지? 물론 여기에는 많은 분들로부터 분에 넘치는 빚을 진 나도 예외는 아니다. 1987년 5월 13일 충현교회에서 김창인 목사님과 크리스채너티 투데이(Christianity Today) 편집국장인 해롤드 스미스(H. Smith)와 면담을 한 일이 있었다. 나는 그때 통역을 맡아 그 자리에 참석하였다. 그는 김 목사님께 "목회에 있어서 가장 문제가 되는 것이 무엇입니까"라고 질문하자 김 목사님은 "자신의 부족이 가장 큰 문제입니다!"라고 대답하시는 것을 들었다. 물론 김 목사님께도 단점이 있으시다. 그러나 대들보가 있는 내 눈에는 김 목사님 눈에 있는 티가 보이지 않는다.

교회가 10월 당회에서 신년도에는 협동목사 제도를 없앤다는 결정을 하였다는 소식을 듣고 나는 교회를 떠나기로 결심하였다. 하지만 그동안 받은 사랑을 기억하며 지금까지도 나는 교회의 여러 성도님들과 친밀한 교제를 나누고 있다. 감사하게도 한규삼 목사님이 새로 부임하셨으니 앞으로 충현교회가 예수님을 주인으로 모시고 교계와 사회에 영향력을 발휘하기를 기원하는 바이다.

성경연구 도서관 틴데일 하우스(Tyndale House)

나는 1983년 여름에 영국 케임브리지 틴데일 하우스에서 마련하여 준 독채에 머물며 많은 자료들을 접하는 동시에 유럽의 복음주의 신학자들과 친분을 쌓게 되어 큰 도움이 되었다. 1944년에 성경 연구 도서관으로 창설된 틴데일 하우스는 풍부한 자료들을 소유할 뿐만 아니라 케임브리지 대학교 도서관의 자료들도 활용할 수 있어서 학자들에게는 이상적인 연구소이다. 당시에 그곳에서 개최한 구약학회를 통하여 특히 보수주의 성향이 강한 알렉산더(T. D. Alexander) 교수 그리고 데렉 키드너(D. Kidner) 교수와 이집트학의 권위자 키친(K. A, Kitchen) 교수를 만나게 되었다.

학회에서 웬함(G. J. Wenham) 교수가 창세기 5장에 관한 발표를 하는 중에 5장의 저자는 J(소위 야웨 문서 기자)라는 어떤 인물일 것이다("someone like J")라고 하여 강의가 끝난 후에 알렉산더 교수와 내가 같이 가서 우리의 이견에 대하여 담화한 일이 있었다. 그리고 키친 교수는 발표하는 내내 원고도 없이 인용된 모든 자료들의 출처를 완전히 제시하였는데 그 기억력에 놀랐다. 그는 그의 대표적 저서 『고대 근동과 구약성경』(Ancient Orient and Old Testament, 1966)에서 구약성경에 대한 전통적 입장과 신학적 정설이 일반적으로 주장되는 견해들보다 고대 근동의 실정에 더욱 근접하다는 사실을 보여줌으로써 성경의 기록이 신빙성이 있음을 드러내는 데에 역점을 두었다. 키드너 교수는 토론하는 동안 계속하여 텍스트의 원문을 존중할 것을 역설하는 점이 인상적이었다. 키드너 교수님과는 오랫동안 서신 왕래가 있었다. 한번은 교수님도 성경번역위원으로 사역할 때의 심정을 토로한 일이 있었다. 자신이 번역한 부분을 다른 위원들이 검토한 후에 받아서 보면 그것이 자신의 것으로 보이지 않았다고 하였다. 교수님이 임종이 가까워지자 더 이상 나에게 회신을 할 수 없다고 하신 얼마 후에 순례의 여정을 마치셨다.

새 교회를 찾다

나는 2000년 가을에 박영선 목사님이 시무하는 남포교회에 와서 협동목사와 선교목사로 사역하면서 장로님들, 권사님들 그리고 집사님들로부터 많은 사랑을 받게 된 것을 감사한다. 박 목사님이 은퇴하여 원로목사로 추대되고 후임으로 최태준 목사님이 담임목사로 은혜롭게 이어진 것을 기쁘게 생각한다. 나는 그동안 대장암 말기수술, 탈장수술, 턱관절치료, 우울증치료, 폐수술, 백내장수술 등 힘든 과정을 통과하였다. 이 과정에서 나의 병을 수발하기에 아내의 수고가 너무나도 컸다. 이제 나는 왜 영어에서 부부에 대하여 말할 때에 반반(半半)이라고 하지 않고 아내를 더 나은 절반(better half)이라고 하는지 알 수 있게 되었다.

나는 나이도 많고 또 나의 낡은 육신의 장막이 오랫동안 지탱할 것이라는 자신이 없어서 교회의 직함을 내려놓고 남포교회에 출석하고 있다. 나는 박영선 목사님이 교계에서 높은 위치를 차지하거나 교세를 확장하는 데에는 관심이 없고 목회에만 전념하는 목회철학이 마음에 든다. 이런 일화가 있다.

남포교회 인근에 한 대형교회가 이전하여 온 것이다. 이런 경우에는 기존교회가 신경을 곤두세우고 긴장하게 되는 것이 상례일 것이다. 그런데 박영선 목사님은 그 교회 담임 목사님과 당회원들을 초청하여 식사를 대접한 것이다. 얼마 후 그 교회 목사님과 당회원들이 답례하기 위하여 남포교회 목사님과 당회원들을 초청하여 대접을 하였다. 그 교회 당회원 중의 한 분이 이렇게 물으셨다. "목사님, 일반적으로 인근에 교회가 들어서면 신경이 쓰여 경계하는데 목사님은 어찌하여 우리를 환대하십니까?" 그러자 "같은 업종은 뭉쳐야 삽니다!"라고 박영선 목사님이 대답하였다고 한다.

내가 남포교회에 대하여 특별히 고맙게 생각하는 것은 교회가 신학교를 전적으로 지원하고 신학교 교수를 귀하게 여기는 점이다. 특히 램프장학금 제도를 통하여 박사과정 이수 중에 있는 유학생들에게 경제적 도움을 주어 그 수혜자들이 귀국하여 교수로 봉직하게 하였다. 한국뿐만 아니라 일본의 모 기독교대학교에도 같은 장학금을 15년간이나 지원하여 그 수혜자들이 아버딘 대학교, 캘빈 신학교, 에든버러 대학교, 하버드 대학교, 트리니티 신학교 등에서 학위를 취득하고 귀국하여 모교에서 교수로 봉직하게 되었다. 이로 인하여 정부로부터 박사 과정 인가까지 받게 되어 교계에 큰 공헌을 하게 된 것이다.

대구 동신교회의 권성수 목사님도 1994년에 시작하여 지난 20여 년 동안 이어온 엘피스 장학금을 통하여 개혁주의 신학의 목회학석사(M.Div.) 소지자들이 해외에서 신학 분야 박사학위 과정에 있는 유학생들을 돕고 있다. 그 장학금 수혜자들이 지금 한국 신학계와 교계에서 큰 영향력을 발휘하고 있다. 개인적으로도 나의 선교 활동에 도움을 주어 감사한다. 나를 항상 격려하며 도움을 주신 정홍식 장로님께 감사한다. 또한 일본의 모 기독교대학교 졸업생들이 해외에서 학위를 취득하고 귀국하여 모교에서 봉직할 수 있도록 장학금을 지원할 뿐만 아니라 나의 일본 선교활동에 도움을 준 온누리교회 이재훈 목사님께 감사한다.

나는 지금 명예교수로 있으면서 언젠가는 여호와의 집에서 영원히 살 것을 소망하게 되었는데 이렇게 되기까지 너무나 많은 분들의 사랑과 격려와 도움이 있어서 여기에 이르게 되었다. 회고하건대, 나는 한 곳에서 졸업장을 받아본 적이 없다. 교장이셨던 아버지가 전근을 하셔서 나는 초등학교 때에도 세 번 전학을 하였다. 중국에서 한인학교 중학교 1학년에 입학한 직후 한국에 와서 전학하였으므로 교육의 수준차가 커서 어려움을 겪었다. 고1 때에는 서울에서 입학을 하였으나 6·25전쟁으로 인하여 졸업은 부산에서 하였다. 대학교도 부산에서 입학하여 졸업은 서울에서 하였다. 신학교도 전반부는 한국에서 시작하고 그리고 후반부는 미국에서 마쳤다. 게다가 박사 과정도 중도에서 그만두게 되었다. 그러니 내가 자랑할 것이라고는 전혀 없다. 나는 본래 포도원을 찾은 집 주인이 필요로 하는 바를 충족시키지 못하여서 오후 다섯 시("제 십일 시")까지 포도원에서 거의 포기하고 빈손으로 집으로 돌아갈 뻔한 품꾼과 같은 존재이었다. 그럼에도 불구하고 너도 포도원에 들어가라고 하시면서 일꾼으로 쓰임 받게 하여 주신 주님의 긍휼로 인하여 오늘의 내가 된 것이다.

끝으로, 총신대에서 함께 말씀을 상고한 분들, 함께 합동신학교를 설립하는 데에 크게 기여하신 고마운 목사님들, 장로님들, 권사님들 그리고 성도님들과 학우들을 기억하며 주님께 감사를 드린다. 합동신학대학원대학교에서 신복윤 교수님, 김명혁 교수님 그리고 박형용 교수님과 함께 사역할 수 있게 하여 주신 하나님께 감사를 드린다. 충현교회에서 부교역자이셨고 후에 나성 충현선교교회 원로목사이셨던 고 정상우 목사님 내외분 그리고 보스턴장로교회 원로목사이신 전덕영 목사님 내외분과 가족이 베풀어 준 성의에 감사를 드린다. 대한성서공회에서 2년간 성경번역위원으로 근무할 때에 친절을 베풀어주신 김호용 전 총무님 그리고 함께 번역 사역을 하는 동안 여러 교수님들과 동역하게 된 것을 기쁘게 생각한다. 나를 늘 격려하여 주신 장신대의 김중은 전 총장님께 감사를 드린다.

그리고 내가 대장암 말기로 대수술을 받고 위태한 지경에 처하였을 때에 나와 아내에게 캐나다 밴프의 산장에서 한 달 동안 요양하도록 왕복 여비와 체류비를 제공하여 준 덕분에 암을 이길 수 있게 하여 주신 여러 제자 분들에게 심심한 감사를 드린다. 이 내용을 들은 의사 선생님들이 "오늘날도 그런 일이 있네요"라고 하

며 감탄하셨다. 그곳에 한 달을 더 있게 도움을 주신 밴쿠버의 천
성덕 목사님 내외분에게도 감사를 드리고 여러 모로 친절을 아끼
지 않으신 밴프의 여러 성도님들에게도 감사를 드린다. 그리고 1
개월의 안식월 기간에 설교할 수 있도록 기회를 주신 로마한인교
회 한평우 목사님 내외분과 방문할 때마다 늘 친절을 베풀어 주신
파리침례교회 이상구 목사님 내외분께 감사를 드린다.

지금까지의 나의 교회 사역을 회고하여 보니, 사찰, 주일학교
교사, 중고등부 교사, 성가대 대원, 청년부 지도, 새가정부 지도,
장년2부 지도, 영어예배부 지도, 협동목사, 선교목사라는 사역들
은 오로지 주님의 은혜로 감당할 수 있었다. 영어예배부 지도나
11시 대예배 시에 영어 동시통역을 맡았던 일 모두가 당시에는
1.5세가 없었기 때문이었다. 그리고 김창인 목사님이 몸이 불편하
셔서 내가 얼마 동안 다수의 결혼주례를 맡기도 하였다.

용기를 내어 한마디 더 하고자 한다. 나는 항상 내가 받은 은사
를 깨달아 분수를 넘지 않게 하신 주님께 감사하는데, 협동목사로
사역할 때에 중대한 일이 발생하였다. 나는 충현교회 대학부 초대
회장이었고 김창인 목사님의 후임으로 담임목사로 부임한 두 분은
당시 고등부에 속하였으며 같은 대학교의 후배들이었으나 그분들
과 사이좋게 협동목사의 사역을 감당하고 있었다. 그런데 첫 번째
후임자가 사임을 하고 교회가 잠시 혼란에 빠지게 되었다. 그런데

의외로 김창인 목사님이 저한테 그의 후임으로 담임목사직을 맡으라고 제안하시는 것이 아니겠는가! 당시의 나로서는 "저는 적임자가 아닙니다. 제가 받은 은사는 교수직입니다"라고 말씀을 드리는 것 이외에는 아무것도 할 수 없었다. 나는 이때처럼 두려워한 적이 없었다! 나는 주님께 감히 항의하였다. "주님, 이는 제게 주신 은사와는 다른 것인데 어찌 이런 일이 있을 수 있겠습니까?" 감사하게도 그 문제는 나에게 주신 은사대로 은혜롭게 해결이 되었다. 그리고 두 번째 후임자가 부임하게 되었고 그분과도 좋은 관계 속에서 나의 사역을 감당하였다.

> 시편 16:6 "내게 줄로 재어준 구역은 아름다운 곳에 있음이여 나의 기업이 실로 아름답도다"(다윗의 시)
>
> 시편 131:1 "여호와여 내 마음이 교만하지 아니하고 내 눈이 오만하지 아니하오며 내가 큰 일과 감당하지 못할 놀라운 일을 하려고 힘쓰지 아니하나이다"(다윗의 시)

순례의 이 모든 여정을 통과하게 하신 주님의 은혜를 생각할 때에 나의 아호 수은(受恩)은 참으로 적절하다고 하겠다. 짧지 않은 나의 순례의 여정에 위로와 격려 그리고 물심양면으로 도움을 주신 너무나 많은 고마운 분들에게 진심으로 감사를 드리며 주님께서 풍성한 은총을 내려주시기를 기원한다. 먼저 순례의 여정을 마친 다윗의 뒤를 따라 "내가 여호와의 집에 영원히 살리로다"라고 나의 순례자의 소나타의 피날레를 고할 수 있게 되어 감격스럽다. 한없는 하나님의 은혜를 그 무엇으로도 다 표현할 수 없어서 하나님의 말씀 에스겔 61:4-11을 인용하며 펜을 놓는다.

에스겔 16:4-14 "⁴네가 난 것을 말하건대 네가 날 때에 네 배꼽 줄을 자르지 아니하였고 너를 물로 씻어 정결하게 하지 아니하였고 네게 소금을 뿌리지 아니하였고 너를 강보로 싸지도 아니하였나니 ⁵아무도 너를 돌보아 이 중에 한 가지라도 네게 행하여 너를 불쌍히 여긴 자가 없었으므로 네가 나던 날에 네 몸이 천하게 여겨져 네가 들에 버려졌느니라 ⁶내가 네 곁으로 지나갈 때에 네가 피투성이가 되어 발짓하는 것을 보고 네게 이르기를 너는 피투성이라도 살아 있으라 다시 이르기를 너는 피투성이라도 살아 있으라하고 ⁷내가 너를 들의 풀같이 많게 하였더니 네가 크게 자라고 심히 아름다우며 유방이 뚜렷하고 머리털이 자랐으나 네가 여전히 벌거벗은 알몸이더라 ⁸내가 네 곁으로 지나며 보니 네 때가 사랑을 할 만한 때라 내 옷으로 너를 덮어 벌거벗은 것을 가리고 네게 맹세하고 언약하여 너를 내게 속하게 하였느니라 나 주 여호와의 말이니라 ⁹내가 물로 네 피를 씻어

없애고 네게 기름을 바르고 ¹⁰수 놓은 옷을 입히고 물돼지 가죽 신을 신기고 가는 베로 두르고 모시로 덧입히고 ¹¹패물을 채우고 팔고리를 손목에 끼우고 목걸이를 목에 걸고 ¹²코고리를 코에 달고 귀고리를 귀에 달고 화려한 왕관을 머리에 씌웠나니 ¹³이와 같이 네가 금, 은으로 장식하고 가는 베와 모시와 수놓은 것을 입으며 또 고운 밀가루와 꿀과 기름을 먹음으로 극히 곱고 형통하여(와티쯸레히) 왕후의 지위에 올랐느니라 ¹⁴네가 화려함으로 말미암아 네 명성이 이방인 중에 퍼졌음은 내가 네게 입힌 영화로 네 화려함이 온전함이라 나 주 여호와의 말이니라"

〈하나님께서 이 순례자에게 허락하신 가족〉

("내가 내 지팡이만 가지고 이 요단을 건넜더니
지금은 두 떼나 이루었나이다" 창 32:10)

아내 이귀자

장녀 윤에스터　　사위 유동신
손녀 지은, 지선　　손자 조셉
차녀 윤혜진　　　사위 전영광